HUGO

Hugo est un youtubeur français. Son diplôme de journaliste en poche, il a d'abord travaillé un an à la télévision avant de lancer sa chaîne sur YouTube, le 21 janvier 2015 : il se propose de répondre en vidéo aux questions que les internautes lui posent. En deux ans, il a fidélisé plus de un million de personnes. Il publie en 2016 chez First, *Les Questions Cons*, livre tiré de sa chaîne YouTube.

POURQUOI DIT-ON
« ALLÔ » EN DÉCROCHANT
LE TÉLÉPHONE ?

HUGO PRÉSENTE

LES QUESTIONS CONS

IBIEN D'ŒUFS
OND UNE POULE
PAR AN ?

COMBIEN FAUT-IL
MANGER DE MON CHÉRI
POUR ÊTRE POSITIF
À L'ÉTHYLOTEST ?

HUGO PRÉSENTE

LES QUESTIONS CONS

FIRST Editions

MIXTE
Papier issu de
sources responsables
FSC® C003309

Pocket, une marque d'Univers Poche, est un éditeur qui s'engage pour la préservation de son environnement et qui utilise du papier fabriqué à partir de bois provenant de forêts gérées de manière responsable.

ISBN 978-2-266-27211-7

Le Livre des questions pas très existentielles

CHERS LECTEURS,

Vous avez ouvert ce livre pour deux raisons possibles.
Soit vous connaissez le mec sur la première page et du coup vous voulez en savoir plus. Soit c'est le titre qui vous a attiré, mais ma tête ne vous revient pas. C'est pour ça qu'il me faut d'abord expliquer ce que je fais ici.
Je m'appelle Hugo et je fais des vidéos sur Internet depuis janvier 2015 dans une émission qui s'appelle *Les Questions Cons*. Je m'y amuse à répondre à des questions pas très existentielles, un peu bêtes même parfois, mais qui méritent tout de même une réponse. Et j'ai compilé dans ce livre les meilleures questions que vous m'avez posées (leur réponse aussi, sinon... ça n'aurait pas été d'un très grand intérêt). Vous êtes presque un million à attendre mes réponses deux fois par semaine par vidéo : j'espère que vous serez nombreux à me lire !

Alors même si vous ne me connaissez ni d'Adam ni de Dave, ce livre est tout de même fait pour vous. Ce recueil de questions cons est pour moi une manière de répondre à des petites interrogations qu'on s'est tous plus ou moins posées un jour, et l'occasion de se cultiver à travers des réponses pas toujours si cons que ça !
Une dernière précision : ce livre a été confectionné avec amour, volupté, précision et étanchéité.

BONNE LECTURE À TOUS !

POURQUOI DIT-ON « ALLÔ » EN DÉCROCHANT LE TÉLÉPHONE ?

QUESTION DE MARCO P.

Ne pourrait-on pas tout simplement dire « **BONJOUR** » ? Surtout que « **ALLÔ** » est un mot qui ne s'utilise jamais dans une autre situation, (enfin pour un Français de France, parce qu'un Québécois peut vous lancer ça au moment où vous le rencontrez pour la première fois de la journée, ça surprend au début).

POUR COMPRENDRE POURQUOI ON DIT « ALLÔ », REMONTONS À L'INVENTION DU TÉLÉPHONE. IL A ÉTÉ INVENTÉ « OFFICIELLEMENT» PAR GRAHAM BELL. JE DIS « OFFICIELLEMENT », CAR IL Y EN A D'AUTRES QUI ÉTAIENT SUR LE COUP, ENTRE AUTRES, THOMAS EDISON. IL SE POURRAIT MÊME QUE GRAHAM BELL LUI AIT VOLÉ L'IDÉE POUR LA DÉPOSER EN SON NOM.

Mais bref, c'est pas le sujet. Ce qui est sûr, c'est que ça a été déposé et démocratisé dans les pays anglo-saxons.
Et quand les gens décrochaient le téléphone, il leur semblait naturel de dire **« BONJOUR »**, donc **« HELLO »**. Du coup, quand le téléphone est arrivé en France, l'usage était de dire **« HELLO »**. Sauf que les Français n'étaient (déjà) pas vraiment forts en anglais.
Donc le **« HELLO »** s'est transformé en **« ALLÔ »**. Et encore on peut s'estimer heureux car au départ Graham Bell voulait qu'en décrochant les gens disent **« AHOY »**, un terme de marine pour dire bonjour. On pourrait le traduire par **« OHÉ »**. Et d'ailleurs même si le terme **« ALLÔ »** est utilisé dans beaucoup de langues, il n'est pas universel.

Par exemple, au Japon on dit **« MOSHI MOSHI »**.
En Italie : **« PRONTO »**, ou encore en Inde : **« NAMASKAR »**.
On aurait pu être un peu plus créatif nous aussi...

COMBIEN DE MOTS DISONS-NOUS PAR JOUR ?

Question de Les Pipellettes

31 500 EN MOYENNE
(ça c'est sans compter ma mère qui doit exploser la moyenne !)

Quel est le prénom le plus porté au monde ?

Question de Ftu

MOHAMED

Et le nom de famille ?

Question de moi-même !

CHANG

Statistiquement le patronyme le plus porté au monde devrait donc être Mohamed Chang. Statistiquement...

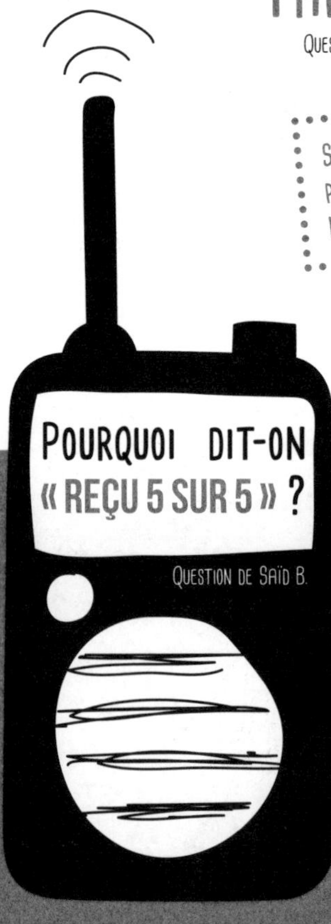

Pourquoi dit-on « reçu 5 sur 5 » ?

Question de Saïd B.

C'est un usage qui nous vient du langage militaire et plus particulièrement des télécommunications.
Chaque chiffre désigne une chose différente. Le premier, le volume sonore, et le second, la clarté de l'information.
Ainsi lorsqu'on répond « reçu 5 sur 1 », on indique que le volume est bon mais que la qualité audio est défaillante. Un appel reçu 5 sur 5 était donc idéal.

Bien reçu ?

POURQUOI DIT-ON UN « BUG » INFORMATIQUE ?

QUESTION DE LUCAS R.

C'est un mot anglais qui veut dire **« INSECTE »** : mais alors pourquoi parle-t-on d'insecte quand nos ordinateurs plantent ?

Tout simplement parce que au départ les premiers bugs étaient réellement provoqués par des insectes. Dans les années 1940, les ordinateurs n'étaient pas aussi petits qu'aujourd'hui, ils occupaient une pièce entière ! Il y avait des fils et des ampoules de partout ! Ce qui créait de la chaleur et attirait les insectes de tout bord. CAFARDS, PUNAISES, MOUCHES... Et, si en se baladant, les insectes touchaient deux fils en même temps, ils créaient un court-circuit. Depuis, nous n'avons plus de cafards dans nos ordinateurs mais l'expression, elle, est restée !

Pourquoi les parcours de golf ont-ils 18 trous ?

Question d'Ismail B.

La naissance officielle du golf est répertoriée à St Andrews, en Écosse, en 1754.

Le green possédait douze trous, les joueurs les parcouraient dans un sens puis dans l'autre pour réaliser une partie complète. Mais, bizarrerie du sport, sur les 24 trous on n'en jouait que 22. Puisque le premier trou ne servait qu'à se positionner pour viser le deuxième. On ne le jouait donc pas.

Dix ans plus tard, les golfeurs estimèrent que les distances entre les quatre premiers trous étaient trop courtes, du coup ils en supprimèrent deux. On passa donc de 11 trous par passage à 9, et donc à un parcours total de 18 trous.

Ce parcours fut ensuite copié dans tous les golfs du monde, et l'on dessina enfin un vrai point de départ !

POURQUOI MICHELIN FAIT-IL UN GUIDE CULINAIRE ?

QUESTION DE MATHIEU S.

À première vue, il n'y a pas vraiment de rapport entre la nourriture et les pneus. Quoique... il y en a tout de même un, un peu inattendu, je vous l'accorde.

Au début du XXe siècle, **LA FIRME MICHELIN** domine le marché français du pneumatique mais désire accroître ses revenus. Les automobilistes n'usant pas assez leurs pneus pour en changer fréquemment, Michelin sort un guide culinaire pour inciter les gens à parcourir davantage les routes abrasives de l'époque.
Une façon comme une autre de pousser la consommation à la roue.

Les poissons dorment-ils ?

Question de Malikator06

Le sommeil est essentiel au bon fonctionnement de chaque animal. Alors forcément, le poisson doit également piquer un petit somme pour rester en bonne santé.

Mais son sommeil est différent du nôtre, il ne ferme pas les yeux pour rêver toute la nuit. On qualifie plutôt sa période d'inactivité d'« état voisin du sommeil ». Cependant, les recherches effectuées sur l'organisme du poisson lors de ces phases de repos, montrent qu'il n'y a pas grande différence entre phase de repos et phase d'activité. Même s'ils sont moins sensibles aux stimulations lorsqu'ils « dorment ».

Nul besoin pour eux de trouver un lit douillet ou une auberge espagnole subaquatique pour y passer la nuit. Ils s'immobilisent entre deux eaux ou sur le sable (que ce soit la nuit ou le jour en fonction de l'espèce).

N'AYANT PAS DE PAUPIÈRES, ILS NE FERMENT PAS LES YEUX MAIS METTENT SIMPLEMENT LEUR ORGANISME « AU RALENTI ». ET LES PLUS COQUETS D'ENTRE EUX S'ENORGUEILLISSENT MÊME D'UN ERSATZ DE PYJAMA, EN CHANGEANT DE COULEUR OU EN SÉCRÉTANT UNE ENVELOPPE DE MUCUS.

Je préfère tout de même mon jogging et mes oreillers !

POURQUOI LES BÉBÉS ONT-ILS UNE GROSSE TÊTE ?

Question d'Hélène I.

On ne va pas se mentir. Un bébé, aussi beau que l'on puisse le trouver, malgré les beaux yeux de papa et le nez fin de maman, a une tête ÉNORME par rapport à son corps. Les mensurations moyennes à la naissance sont de 50 cm de longueur pour son corps et 35 cm de tour de tête. Une proportion qui serait monstrueuse sur un adulte en comparaison !

Alors **OUI C'EST BEAUCOUP**, mais à la naissance le cerveau a déjà besoin d'un volume important. **NE SERAIT-CE QUE POUR POUSSER LE PREMIER CRI.**

Pourquoi les pirates portent-ils un cache-œil ?

Question de Greg678

Ce n'est pas pour le swag ou pour paraître plus méchants. Leurs sabres et leurs canons remplissaient très bien cette dernière fonction. Ce n'est pas non plus pour palier le désagrément de la tête qui tourne après une sale cuite au rhum.

NON. En fait ce bandeau permettait à l'un de leurs yeux de s'habituer à l'obscurité pour mieux parer aux attaques dans les cales sombres des bateaux. Ils étaient ainsi beaucoup plus réactifs. En passant de la lumière à l'obscurité, ils n'avaient qu'à changer de côté leur cache-œil pour s'adapter plus vite au changement de luminosité.

Et comme les pirates, avant d'être des combattants avertis, étaient surtout des navigateurs, leur œil caché était également plus efficace la nuit quand il le découvrait.

Une astuce assez pratique pour y voir aussi bien dans la lumière que dans le noir. Surtout qu'à l'époque, les projecteurs n'existaient pas.

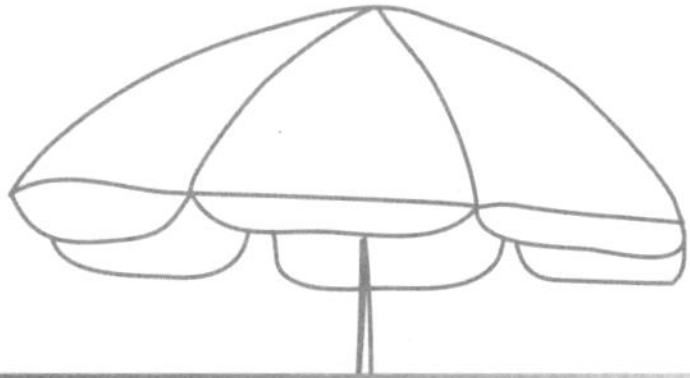

Pourquoi le compte des points au tennis est-il aussi bizarre ?

Question de Julie M.

Ah voilà ! Ça, c'est l'une des plus grandes énigmes de ma vie. Je n'ai jamais eu la chance d'aller voir un match de tennis en vrai, mais je regarde souvent les matchs à la télé et c'est vraiment un sport que j'apprécie. Mais s'il y a bien un truc que je ne comprends pas avec le tennis, c'est la **MANIÈRE DE COMPTER LES POINTS**.

De tous les sports de raquette, le tennis est le sport le plus étrange en terme de comptage des points : **ZÉRO, 15, 30, 40, AVANTAGE ET JEU**. Faut être complètement frappé pour compter comme ça !

Cette manière n'est donc certainement pas due au hasard. Je ne vais pas vous en faire tout un serment mais il faut savoir que le tennis s'est inspiré de son ancêtre : le **JEU DE PAUME**, sport très populaire au XVIe siècle. À chaque point marqué, le joueur, situé d'abord à 60 pieds du filet, devait se rapprocher pour servir. S'est alors installée une notion de gain de terrain.
Le premier point donnait le droit d'avancer de 15 pieds. Idem pour le deuxième, ce qui faisait 30 pieds au total. Et au troisième point, le joueur pouvait de nouveau se rapprocher, mais de 10 pieds seulement pour ne pas être trop proche du filet (sinon c'est plus du jeu). Il avait alors gagné 40 pieds. Ce qui lui donnait donc « l'avantage ». Les siècles ont passé, les temps ont changé, la méthode de comptage des points, elle, est restée.

Quoi qu'il en soit, vous ne me verrez jamais sur un terrain de tennis, c'est comme le golf : je suis nul.

D'OÙ VIENT LE SIGNE DES JEUX OLYMPIQUES ?

QUESTION D'IDRIS K.

Le drapeau a été créé par Pierre de Coubertin en 1913. Les 5 anneaux entrelacés représentent les 5 continents, avec une couleur par continent. Quant au six couleurs présentes (le blanc du fond compte lui aussi), elles représentent toutes les nations. Ce drapeau symbolise l'universalité de l'esprit olympique.

POURQUOI LE HOT-DOG PORTE-T-IL CE NOM ?

QUESTION DE ZANGDAR947

On doit la naissance du hot-dog à l'arrivée d'émigrés allemands aux États-Unis et de leur saucisse de Francfort. C'est en 1870 que le sandwich aurait été créé par Charles Feltman, un boucher d'origine allemande. Et son sandwich a été nommé ainsi en référence aux teckels, les « CHIENS SAUCISSES », eux aussi venus d'Allemagne.

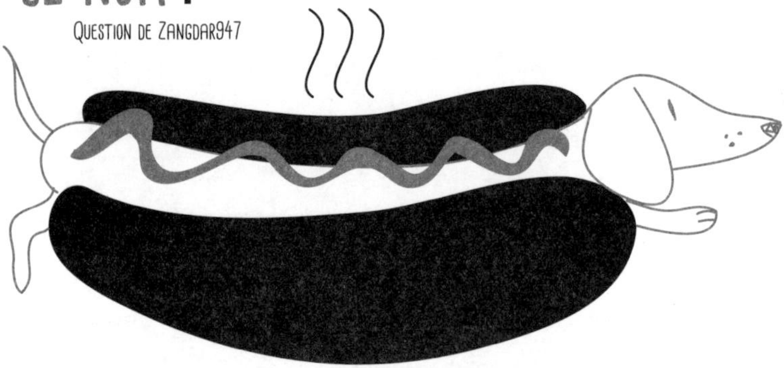

Pourquoi les limaces et les escargots bavent-ils ?

Question de GriziFUT

La vraie bizarrerie de la bave des escargots et des limaces, c'est sa double propriété. C'est à la fois un lubrifiant qui facilite leur déplacement au sol, mais également une colle qui leur permet de gravir un mur à la verticale. Mais alors pourquoi ne glissent-ils pas sur un mur ou ne restent-ils pas collés au sol ?

> EH BIEN EN FAIT, SELON LES MOUVEMENTS DE LEUR PIED, ILS PEUVENT MODIFIER LA PROPRIÉTÉ DE LEUR MUCUS DIT « VISCO-ÉLASTIQUE » QUI PROVIENT DE GLANDES SITUÉES DANS LE PIED ET QUI FABRIQUENT DES GLYCOPROTÉINES.

En fait, quand ils mettent le pied au plancher, c'est un peu comme s'ils changeaient de vitesse, quoi, sauf qu'il ne s'agit pas de vitesse mais d'orientation : à l'horizontale ou à la verticale...

Quoi qu'il en soit, la bave de ces bêtes est aussi surprenante que foncièrement dégueulasse.

POURQUOI LE FORMAT A4 FAIT-IL 21 × 29,7 CM ?

Question de Plimpton FR.

Non mais c'est vrai quoi, pourquoi des mesures aussi précises et tranchées ? Pourquoi pas arrondir à 20 × 30 cm la longueur et la largeur de ce format ? Alors bien évidemment, il y a une raison valable, ce n'est pas simplement pour le plaisir de se prendre la tête.
En fait, il n'y a pas que des feuilles A4, ça, vous le savez déjà. Le plus grand format est le **A0** et les formats se déclinent jusqu'à **A10**.

Le A0 a, lui, une logique. Il a été conçu pour faire très précisément 1 mètre carré (84,1 cm × 118,9 cm). Et chaque format de cette série est la moitié du précédent. Par exemple le format A1 est la moitié du format A0, le format A2 celle du format A1, etc. C'est de cette suite de divisions que le format A4 (qui est donc la moitié du format A3) tient ses dimensions un peu bizarres.

COMMENT LES ASTRONAUTES FONT-ILS POUR SE GRATTER LE NEZ ?

QUESTION DE GENETIIXE

Ça peut paraître bête comme ça mais je peux vous assurer qu'avoir le nez qui gratte, dans l'espace, ça peut vite déconcentrer. Surtout quand les astronautes doivent faire des gestes très précis et rapides dans leur scaphandre à l'extérieur de la station spatiale.

DU COUP, ILS FIXENT SOUVENT UN MORCEAU DE VELCRO DANS LEUR CASQUE POUR POUVOIR SE GRATTER LE NEZ DESSUS EN CAS DE BESOIN.

COMBIEN Y A-T-IL DE PANNEAUX « STOP » À PARIS ?

QUESTION DE HUGO AGO

UN SEUL !

Faites-y donc un petit arrêt quai Saint-Exupéry, dans le XVIe arrondissement.

POURQUOI CERTAINES BOUTEILLES D'ALCOOL SONT-ELLES TRANSPARENTES ALORS QUE D'AUTRES SONT OPAQUES ?

QUESTION DE STÉPHANIE V.

Eh bien tout dépend de l'alcool qui s'y trouve. Généralement, pour les **ALCOOLS BLANCS** comme le rhum ou la vodka, la transparence du verre, c'est pour montrer qu'ils sont bien limpides. De plus, ils ne sont pas concernés par l'altération de l'alcool due à la lumière. Pour ce qui est de la **BIÈRE**, par exemple, les bouteilles sont généralement foncées (vertes ou brunes).

DEUX EXPLICATIONS À CELA : la première est la protection contre les rayons du soleil, rayons qui peuvent nuire au goût de la bière. Et la seconde est plus commerciale : les consommateurs sont simplement plus attirés par la couleur brune des bouteilles. Cependant, certaines brasseries continuent à utiliser des bouteilles vertes, pour se démarquer sur le marché.

POURQUOI LA FRÉQUENCE DES RADIOS N'EST-ELLE PAS LA MÊME PARTOUT EN FRANCE ?

Question de Telony

On a tous vécu ce moment. On est sur la route, une super musique passe à la radio. On se surprend à la fredonner quand soudain, **PAF !**
La radio ne capte plus rien, et pourtant la voiture est au milieu d'une gigantesque plaine. Tout ça parce que la fréquence des radios n'est pas partout la même en France. Serait-ce juste pour nous frustrer ? Non.

La raison est technique. Si les ondes de deux émetteurs diffusant sur la même fréquence se croisent, cela crée des brouillages ou des interférences et rend donc la radio inaudible. Du coup, pour ne pas croiser les fréquences, les radios sont obligées d'en changer.

À QUELLE VITESSE UN AVION DE LIGNE VOLE-T-IL ?

Question d'Éric F.

Un avion de ligne est extrêmement rapide, on le sait. Mais rapide comment, en fait ?

C'est une vitesse si importante qu'elle n'est pas mesurée en km/h mais en **MACH** (Mach 1 équivaut à la vitesse du son, soit 1 234,8 km/h). Certains avions militaires dépassent largement cette vitesse en émettant un bruit sec, on dit alors qu'ils passent le « mur du son ».

Mais pour les avions de ligne c'est autre chose. Ils sont beaucoup plus lourds et, du coup, il faut plus d'énergie, de kérosène, pour les faire aller plus vite. La vitesse d'un avion de ligne est comprise entre **MACH 0,78** (963,144 km/h) et **MACH 0,82** (1 012,536 km/h).

Mais alors, pourquoi ne vont-ils pas plus vite ? Techniquement, ils le pourraient, mais il y a un souci : le rendement énergétique. Cela fait une quarantaine d'années que les compagnies aériennes font voler leurs avions plus lentement, à cause du coût du kérosène.
Pour info, pour augmenter ne serait-ce que de 10 % la vitesse d'un avion de ligne, il faudrait 21 % d'énergie en plus. D'une part, le coût serait trop important et d'autre part, merci pour l'écologie ! Les compagnies ont même dû réduire la vitesse des avions pour économiser de l'argent. Par exemple, pour un vol reliant Washington à Miami, il faut 45 minutes de plus qu'en 1973.

PETITE ANECDOTE : EN 1961, LE CONSTRUCTEUR AMÉRICAIN CONVAIR A LANCÉ UN AVION DE LIGNE QUI POUVAIT ATTEINDRE MACH 0,91, SOIT PRESQUE LA VITESSE DU SON !

POURQUOI N'A-T-ON PAS LA MÊME VOIX QUAND ON S'ÉCOUTE DEPUIS UN ENREGISTREMENT ?

Question de Miss Pastèque

Eh bien parce que notre voix n'arrive pas de la même façon à nos oreilles quand on parle ou quand on se réécoute. La voix qu'on entend directement lorsqu'on parle est appelée **« VOIX SOLIDIENNE »**. Elle n'est pas perçue en premier par nos tympans, elle résonne d'abord dans toute la boîte crânienne, ce qui a pour effet de la rendre plus grave qu'elle ne l'est réellement.

Maintenant vous le saurez, votre voix, celle qu'entendent les autres, n'est pas la même que celle que vous entendez. Et très souvent on préfère sa « voix solidienne ».

POURQUOI LES FEMMES SONT-ELLES PLUS SOUPLES QUE LES HOMMES ?

Question de MKev

C'est dû aux hormones féminines qui « relâchent » les tendons et les muscles. L'objectif est de faciliter le passage du bébé lors de l'accouchement.

MAIS RASSUREZ-VOUS, QUE VOUS SOYEZ UN HOMME OU UNE FEMME, LA SOUPLESSE, ÇA SE TRAVAILLE !

LES OURS AIMENT-ILS VRAIMENT LE MIEL ?

QUESTION DE MIXCANARD

Alors, peut-être ben qu'oui et peut-être ben qu'non. Dans beaucoup de dessins animés pour enfants, on nous fait croire que les ours sont **DINGUES DU MIEL** (genre Winnie l'ourson, total addict). Mais il faut savoir que les ours sont omnivores et qu'il leur en faut peu pour être heureux (genre Baloo, mon préféré). C'est-à-dire qu'ils mangent de tout : de la viande, des graines, des plantes, des raclettes (euh non pas des raclettes), etc.

Leur vision est mauvaise, ce qui ne leur facilite pas la tâche pour trouver du miel. Mais ils ont deux qualités : ce sont de très bons grimpeurs et ils possèdent un excellent odorat. Et ces deux aptitudes leur permettent d'atteindre des nids d'abeilles.

DONC OUI, LES OURS AIMENT VRAIMENT LE MIEL, MAIS ILS NE MANGENT PAS QUE ÇA.

ATCHOUM ATCHOUM ATCHOUM ATCHOUM ATCHOUM ATCHOUM ATCHOUM

Pourquoi dit-on « À tes souhaits » ?

Question de StyloxOfficiel

Après tout, c'est étrange. Quand on vient d'éternuer, qu'on a la goutte au nez et qu'on a arrosé de salive son voisin, lui, tout gentil, répond : **« À TES SOUHAITS ! »** C'est comme si vous disiez merci à quelqu'un qui vient de vomir sur vos chaussures !
Dans le cas du « À tes souhaits », c'est une formule de politesse, quasi pavlovienne, parce que au fond on ne lui souhaite rien du tout, on remarque juste qu'il a fait du bruit mais qu'on ne lui en veut pas (tant qu'il garde ses microbes pour lui). Mais au départ, ce n'était pas une question de politesse. Il y a plusieurs hypothèses sur le sujet, et je vous en ai choisi deux.

La première, **C'EST QU'À UNE CERTAINE ÉPOQUE ON PENSAIT QUE L'ÂME RÉSIDAIT DANS LA TÊTE.** Et que chaque éternuement pouvait expulser un bout de l'âme d'un malade. Il fallait donc éviter à tout prix d'éternuer. Lorsqu'on n'arrivait pas à se retenir, les gens autour se sentaient obligés de nous dire « à (vos) tes souhaits » pour conjurer le mauvais sort.

La deuxième est radicalement différente. **SELON LA TRADITION GRECQUE ANTIQUE, L'ÉTERNUEMENT RÉSULTAIT DU PASSAGE D'UN ESPRIT DIVIN.** Il fallait donc adresser ses vœux rapidement à l'esprit qui s'enfuyait par les narines. Or le plus rapide à dire se résumait par « à tes souhaits ».
Pour faire court, la formule est une façon, soit de souhaiter une bonne santé, soit de conjurer le mauvais sort. Finalement, c'est comme vous le souhaitez !

POURQUOI LES ZÈBRES ONT-ILS DES RAYURES ?

QUESTION DE DORIAN M

On avance deux hypothèses pour cette robe chelou qu'ont les zèbres. La première, c'est que ça serait pour se défendre des attaques des taons, mouches tsé-tsé, moustiques et autres insectes qui piquent et qui EMMERDENT TOUT LE MONDE. Des chercheurs suédois et hongrois ont prouvé en 2012 que ces insectes étaient moins attirés par les rayures blanches et noires. Ce serait donc un artifice défensif.

La seconde est similaire. Leur robe permettrait aux zèbres de perturber la vision de leurs plus grands prédateurs : les lions ou les hyènes. Une illusion d'optique qui empêcherait de parfaitement distinguer un zèbre d'un autre lorsqu'ils se déplacent en troupeau. Un peu comme si on regardait une télé cryptée sans décodeur... Malin le zèbre !

POURQUOI LES ABEILLES MEURENT-ELLES APRÈS AVOIR PIQUÉ QUELQU'UN ?

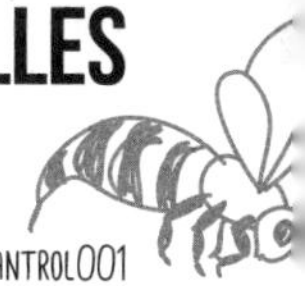

QUESTION DE MANTROL001

Ce n'est pas juste un mauvais retour de karma, une punition pour avoir dardé un innocent. Et j'en veux pour preuve que, LORSQU'UNE ABEILLE PIQUE UN AUTRE INSECTE, ELLE NE MEURT PAS FORCÉMENT. **POURQUOI ?**

En fait, le dard d'une abeille a des petites barbelures qui se crochètent à notre épiderme d'humain. Le dard, une fois planté, ne peut plus ressortir de notre peau. Il s'arrache donc du corps de l'abeille quand on la repousse de la main, et elle tombe au sol, éventrée... C'est un peu hardcore à dire, comme ça, mais c'est la vérité. Et tout le monde sait qu'il n'y a que la vérité qui blesse.

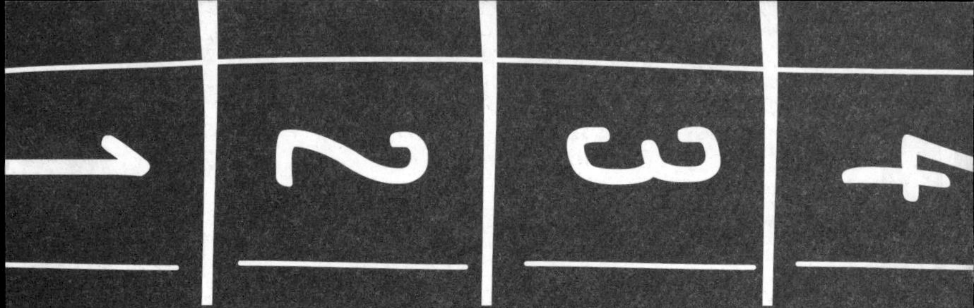

POURQUOI LES PISTES D'ATHLÉTISME SONT-ELLES ROUGES ?

Question de Chloé P.

Ça ne se voit peut-être pas comme ça, mais je suis un grand sportif. Si, si, je vous assure. Enfin, un sportif du dimanche. Enfin, un mec qui tape dans un ballon de temps en temps, quoi. Bon ça va, je ne fais pas de sport sauf quelques fois quand je cours pour ne pas rater mon bus. Mais quand je suis très motivé, ce qui arrive une fois tous les trois mois, je cours dans un stade pas loin de chez moi et j'ai souvent remarqué ces pistes rouges. **MAIS POURQUOI ROUGES ? PAS VERTES, JAUNES OU VIOLETTES ?**

Eh bien, on doit le rouge au soleil et à la télévision. Je m'explique. Au départ, les pistes étaient généralement en terre battue et en herbe. Ensuite, elles ont évolué vers des revêtements d'une teinte cendrée, brique ou grise. Le problème avec ces revêtements, c'est que les sportifs y dérapaient et n'étaient pas assez rapides.

C'est aux Jeux olympiques de Mexico, en 1968, que sont inaugurées les premières pistes synthétiques en tartan composées de polyuréthane, dont la couleur de base est le rouge.

Créées par des laboratoires engagés dans l'étude de la science et de la biomécanique, ces pistes assurent vitesse, sécurité et confort aux athlètes. C'est comme ça que la piste rouge a été adoptée.

De plus, le rouge est une des couleurs qui résistent le mieux aux rayons ultraviolets du soleil. C'est également celle privilégiée par les diffuseurs TV. Eh oui, à l'écran le rouge passe mieux.

Quant à moi je cours m'entraîner, j'ai du boulot avant de battre Usain Bolt.

POURQUOI APPELLE-T-ON UN MAUVAIS FILM UN « NAVET » ?

QUESTION DE SAMUEL D.

Aussi étonnant que cela puisse paraître, cette expression nous vient du monde de la sculpture. Et pour être plus précis, d'une sculpture d'Apollon datant de l'**ANTIQUITÉ.** Difficile de trouver le rapport entre un dieu grec et un légume, n'est-ce pas ? Eh bien en fait, ce sont des étudiants parisiens qui se sont mis à critiquer cette statue pourtant saluée par la critique et considérée comme un symbole de perfection. Leurs reproches ? La fadeur de la représentation d'Apollon et ses membres allongés sans musculature apparente. Les étudiants l'affublèrent d'un nom ridicule pour s'en moquer : « le navet épluché ». Par la suite, cette expression fit un tabac parmi les critiques d'art au milieu du XIXe siècle avant de prendre racine au cinéma dans les années 1950.

POURQUOI LES COLLES EXTRA-FORTES NE COLLENT-ELLES PAS À L'INTÉRIEUR DU TUBE ?

QUESTION DE KARAGERR

Parce que pour se solidifier, ces colles extra-fortes n'ont pas besoin d'air comme on pourrait le penser mais d'eau !
C'est en effet l'eau contenue dans l'air qui déclenche la polymérisation (un mot compliqué qu'on pourrait traduire ici par « DURCISSEMENT »). Les tubes sont donc conçus pour ne laisser entrer aucune humidité. Ah, je vous ai bien collés là, non ?

POURQUOI LES BANANES SONT-ELLES COURBÉES ?

QUESTION DE DAMIEN B.

Ce n'est pas pour nous empêcher de nous les mettre dans les oreilles. Les bananes sont des fruits qui poussent vers le haut, sur un régime. Elles sont soutenues par une tige rigide qui se courbe à cause de la gravité lorsque la banane grossit. Sans cette gravité, elles pousseraient quasiment droites.

COMBIEN LES POULES PONDENT-ELLES D'ŒUFS PAR AN ?

QUESTION D'OCÉANE G.

Eh bien ça dépend de la race de la poule. Toutes les poules ne sont pas aussi productives les unes que les autres. La poule pondeuse pond environ 300 œufs par an. Alors que la poule-soie et la hollandaise ne pondent que 150 œufs par an.

> RAPPELONS QU'UNE POULE POND DE MOINS EN MOINS AU FIL DES ANS POUR ARRÊTER DE PONDRE DÉFINITIVEMENT À 6 ANS. ENSUITE, ELLE DEVIENT UN ANIMAL DE COMPAGNIE. OU PAS. QUESTION DE POT...

Enfin, moi j'adorerais avoir une poule comme animal de compagnie. Qui veut m'offrir une poule ?

POURQUOI LES BOUCHES D'ÉGOUT SONT-ELLES RONDES ?

QUESTION DE SAMUEL D

Ça peut paraître bizarre mais leur forme répond à un souci de **SÉCURITÉ**. Si elle avait été carrée, ça aurait été très dangereux pour les égoutiers. En effet, la forme carrée aurait permis à la plaque d'égout de tomber par la diagonale dans son propre trou. Je vous laisse imaginer à quoi ressemblerait le gars au fond, se prenant une plaque d'égout sur la tête...

La forme ronde est la seule permettant d'éviter ce genre d'accident car il n'y a pas de diagonale, seulement un rayon. La plaque ne peut donc pas tomber dans la bouche d'égout !

Pourquoi les bouteilles de vin font-elles 75 cl ?

Question d'Anthony R.

Si vous me connaissez un petit peu, vous savez que je suis plus bière que vin. Vous vous souvenez que j'avais fait une question con dans laquelle j'essayais de savoir si la bière faisait plus pisser que l'eau. Et le résultat était pour le moins inattendu. Mais le vin m'intéresse aussi. Pour une fois, on va parler plus de contenant que de contenu.

Rappelons-nous tout d'abord que l'Aquitaine, célèbre région viticole, fut anglaise pendant trois siècles (du XIIe au XVe). Alors, rien à voir avec une conspiration viticole mais on doit les bouteilles de vin à 75 cl aux Anglais. En effet, au XIXe siècle, les vignerons bordelais avaient l'habitude de vendre leurs bouteilles à des commerçants anglais. Sauf que les Britanniques passaient leurs commandes avec leur propre unité de mesure : le gallon, qui équivaut à 4,54 litres environ. Nos talentueux vignerons français ont donc créé des tonneaux contenant l'équivalent de 50 gallons (environ 227 litres). Ce volume permettait de remplir exactement 300 bouteilles de 75 cl.

Avec le temps, cet usage s'est répandu pour toutes les exportations et aussi pour les bouteilles vendues en France. Je vous rappelle tout de même que 75 cl, ça fait déjà pas mal de verres alors comme d'habitude, c'est à consommer avec modération.

Y A-T-IL VRAIMENT PLUS D'EAU QUE DE TERRE SUR NOTRE PLANÈTE ?

Question de Victor E.

Il est vrai que l'eau recouvre majoritairement la surface du globe (à 70 %). Mais on oublie souvent de comparer son volume à celui de la Terre. Le volume d'eau sur la Terre équivaut à 1,5 milliards de kilomètres cubes, ce qui donnerait une sphère d'un diamètre de 1 400 km. Alors que le diamètre de la Terre est de 12 756 km.

Donc, en terme de volume, il n'y a finalement que très peu d'eau sur Terre. Décidément, l'essentiel est invisible pour les yeux.

Combien gagne un SDF en une journée passée à faire la manche ?

Question de Yoyosh314

On les croise tous les jours. En allant au travail, en rentrant chez soi. La mine grise et le regard vide. Parfois, on leur donne quelques centimes, souvent pas. Les raisons de donner sont infimes, voire impénétrables : il suffit parfois d'un air de musique, d'une belle journée, ou d'un regain de charité chrétienne…

Mais **COMBIEN** reçoit un SDF en une journée en moyenne ? Il n'y a pas 36 façons de répondre à cette question : la plus simple est de se mettre à leur place, le temps d'une journée. C'est ce que j'ai fait.

Dans la peau d'un SDF

Avant tout, je préfère vous prévenir, je ne me permettrais jamais de penser que j'ai pu ressentir lors de cette journée ce que ressentent les SDF. Je n'ose même pas l'imaginer. Mais j'en ai peut-être eu un très léger aperçu quand même.

J'ai pris les vêtements les plus anciens que j'ai, un livre, un flacon de bulles de savon, ma guitare et je suis sorti. Au départ, je me suis dit que ça serait plutôt simple.

Sachant pertinemment que je retrouverais un lit chaud le soir venu, je ne me faisais pas vraiment de souci.

L'expérience

L'expérience peut démarrer. Une fois assis au sol, je sens que je perds instantanément un rang dans la société. Les gens sont debout, marchent vite. Et moi je reste stoïque, à ras de terre, sur le béton.

Pour commencer ma journée de manche, je fais quelques bulles, jongle médiocrement avec une paire de chaussettes, mais surtout, j'attends. J'incite les gens qui passent devant moi à me donner quelques centimes mais rien n'y fait. Quelques personnes me regardent d'un air désolé de ne rien avoir sur eux, mais la majorité m'ignore totalement. Quelques heures passent et toujours rien. Rien à part le froid, l'ennui et la pitié mêlée de honte dans le regard des gens.

Alors je décide de prendre ma guitare et je commence à jouer quelques morceaux. Les gens s'arrêtent, m'observent. Des touristes sortent leur téléphone, et je commence à voir mon pot se remplir. Maigrement. Conscient que ma guitare plaît aux passants, je joue tout l'après-midi pour essayer de gagner un maximum de pièces, et pour passer le temps qui devient de plus en plus long.

ALORS, COMBIEN ?

6 heures après avoir débuté ma journée de manche, je décide d'en rester là. Trop dur, trop déprimant, trop dégradant.

Pas même de quoi me payer un sandwich. Le pire c'est que je suis conscient que ma guitare m'a sacrément aidé. Alors je n'ose imaginer ce que gagne un SDF qui n'a rien à partager avec la foule. Maigre somme, que j'offre à un sans-abri croisé sur le retour. J'avais perdu le sourire, il me l'a rendu.

COMMENT LES SILENCIEUX BLOQUENT-ILS LE SON DES PISTOLETS ?

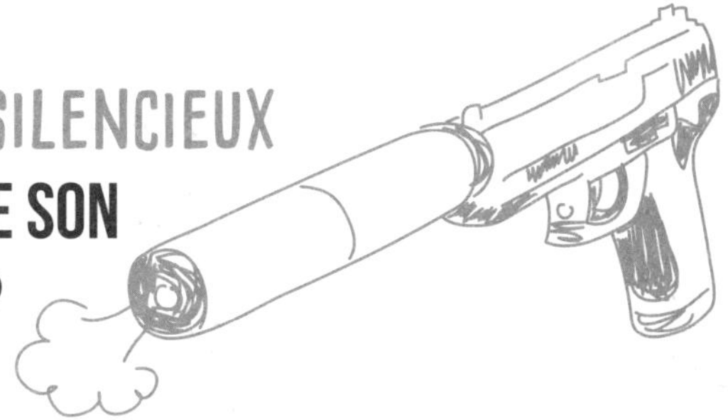

Question de Sacha B.

Déjà, il faut comprendre ce qui fait du bruit quand on tire une balle. Lorsqu'on tire, la poudre placée à l'arrière de la balle brûle. La poudre dégage alors un gaz chaud à forte pression qui expulse la balle. Quand elle sort du canon, la traînée de gaz concentré qui la suit s'épand d'un coup dans l'air et c'est cette rencontre du gaz et de l'air qui produit un bruit important. On peut comparer ce processus à l'ouverture d'une bouteille de champagne par exemple. (Un bruit beaucoup plus sympa, en tout cas moi je préfère...)

Avec un silencieux vissé à l'extrémité du canon (qui n'est en fait qu'un long tube de métal), on permet à la pression du gaz de diminuer dans le silencieux et donc de réduire le bruit à la sortie du tube.

POURQUOI LES CHAUSSURES DE BOWLING SONT-ELLES BICOLORES ?

Question de Virginie N.

C'est laid une chaussure de bowling, hein ? Très très laid même, non ? Vous n'en porteriez pas pour sortir de chez vous, n'est-ce pas ?

Eh bien c'est **PRÉCISÉMENT** pour ça qu'elles sont bicolores. Les couleurs criardes et la laideur de ces chaussures empêchent les vols. Non seulement parce qu'elles sont hideuses, mais aussi parce qu'elles sont facilement repérables. Comme quoi, parfois, c'est utile d'être moche.

COMBIEN Y A-T-IL D'ÉTOILES DANS L'UNIVERS ?

QUESTION D'ALESSANDRO YTB

Impossible de le savoir précisément, et je n'irai pas les compter moi-même. Mais les scientifiques estiment qu'il y en aurait plus que de grains de sable sur la Terre. Ça fait beaucoup ! Et ne comptez pas sur moi pour aller les compter non plus...

POURQUOI LES HARIBO S'APPELLENT-ILS AINSI ?

QUESTION DE MOI-MÊME !

On doit le nom de la marque au nom de son créateur et de sa ville d'origine, tout simplement. Hans Rigiel venait de la ville de Bonn et il a fabriqué un acronyme en prenant les deux premières syllabes de ses nom et prénom et de sa ville natale, soit : **HA, RI ET BO**.

QUELLE QUANTITÉ DE SALIVE PRODUIT-ON DURANT NOTRE VIE ?

QUESTION DE KRYSTAL_CAT

On produit à peu près 1,5 litre de salive par jour, ce qui équivaut à plus ou moins **40 000 LITRES** de salive durant toute une vie. Pour info, un camion-citerne peut contenir 35 000 litres de liquide. Rien que cette vision m'horrifie !

POURQUOI APPELLE-T-ON « GREC » UN SANDWICH D'ORIGINE TURQUE ?

QUESTION DE K-FOX

Le « grec », ou « kebab », est un de mes plats préférés ! C'est pas cher, c'est bon (parfois) et t'es sûr d'avoir l'estomac bien rempli pour la journée. Et, bien que **« KEBAB »** signifie **« VIANDE GRILLÉE »** en turc, on entend souvent au détour d'une rue « Frère, viens on prend un grec ! ». Mais pourquoi ?

Ce sandwich a été créé par Mehmet Aygün, un immigré turc vivant à Berlin au début des seventies. Il est 100 % turc, de par son créateur, son nom et son mode de cuisson et pourtant, quand la recette arrive en France, c'est la confusion. Il est en fait proposé par des restaurateurs d'origine grecque, installés dans le Quartier latin. Et les consommateurs font vite l'amalgame en baptisant ce sandwich : « sandwich grec ». Et même si aujourd'hui on compte entre 8 000 et 10 000 points de vente de kebab tenus par des Turcs, l'appellation n'a pas changé.

Bon, bah ça m'a donné faim tout ça, je vais aller m'en prendre un. Ne vous étonnez pas s'il y a quelques taches de sauce barbecue sur les pages qui suivent.

POURQUOI Y A-T-IL DES POILS SUR LES BALLES DE TENNIS ?

Question de PauseLecture

Vous allez me dire que je fais une fixette sur ce sport, je sais. Mais à un moment, j'ai besoin de vider mon sac. Donc, la façon bizarre de compter les points, c'est déjà fait, alors je vais m'attaquer à un autre problème : **LA BALLE**.
Bon la couleur, ça me dérange pas, j'aime bien, c'est télégénique et ça se voit sur toutes les surfaces. Ce que je trouve étrange, ce sont les poils sur la balle. Y a-t-il un autre sport qui utilise une balle avec des poils dessus ? En y réfléchissant, ce n'est pas si moche que ça, mais à quoi ça sert ?

C'est une question d'aérodynamisme. Il faut savoir que les balles de tennis sont recouvertes de feutre. Et je ne vous apprends rien, une balle de tennis, lors d'un match, passe son temps à s'envoyer en l'air. Les poils servent donc à combattre le flux d'air que prend la balle. Une technique tout à fait au poil !

POURQUOI LES ANCIENS FILMS MUETS ONT-ILS L'AIR DE PASSER EN ACCÉLÉRÉ ?

Question de Alex D.

Parce qu'à l'origine ils étaient tournés en 16 images par seconde pour économiser de la pellicule. Mais lorsqu'ils furent diffusés sur des télévisions qui, elles, émettaient à 25 images par seconde, il fallut accélérer le rythme pour éviter les saccades. Quelle désillusion ! Moi qui avais toujours cru que Charlot était hyper rapide...

POURQUOI LES PAGES DES ANNUAIRES COMMERCIAUX SONT-ELLES JAUNES ?

Question de Joupyta

Ce n'est pas qu'une pratique française. La plupart des pays utilisent des pages jaunes dans leurs annuaires commerciaux.

L'origine de cette pratique nous vient des États-Unis. En 1883, un imprimeur n'ayant plus de papier blanc se retrouva obligé d'utiliser un stock de feuilles jaunes pour finir sa livraison d'annuaires. Il s'est rendu compte que ça rendait son annuaire **IDENTIFIABLE** parmi les autres. Depuis, l'usage est resté et perdure encore aujourd'hui.

Pourquoi dit-on merde pour se souhaiter bonne chance ?

Question de Bix64240

Qui ne se l'est pas entendu dire avant de passer le bac ou un entretien d'embauche ? Ce bon gros **« MERDE »** auquel certains, mal informés, répondent **« MERCI »** (ce qui annule le vœu). Si on prend le temps de réfléchir à la chose, la situation est tout à fait loufoque : quelqu'un te parle d'étron et toi, tu lui dis merci. Et en plus, c'est censé te porter chance ! Mais qui a inventé un truc pareil ?

Eh bien, ça remonte à l'époque où les voitures n'existaient pas. Les plus riches se déplaçaient alors en fiacre pour se rendre dans des endroits chic comme le théâtre. Le nombre de fiacres déposant les spectateurs devant les salles de spectacle était donc proportionnel au succès de la pièce. Alors évidemment, plus les fiacres étaient nombreux, plus les chevaux risquaient de faire leurs besoins devant le théâtre.
Une nouvelle équation était née :

Beaucoup de crottin = Gros succès

Les acteurs et les producteurs se souhaitaient donc beaucoup de merde, signe de réussite et de grosses commissions à venir...

QUELLE EST **LA VITESSE DE PROPULSION** D'UN BOUCHON DE CHAMPAGNE ?

QUESTION DE THÉO XANTRED

40 KM/H !

Cela est dû au fait que la **PRESSION** dans une bouteille de champagne est de 6 à 8 bars, soit 3 fois la pression d'un pneu de voiture ! Voilà pourquoi le verre de ces bouteilles est si épais.

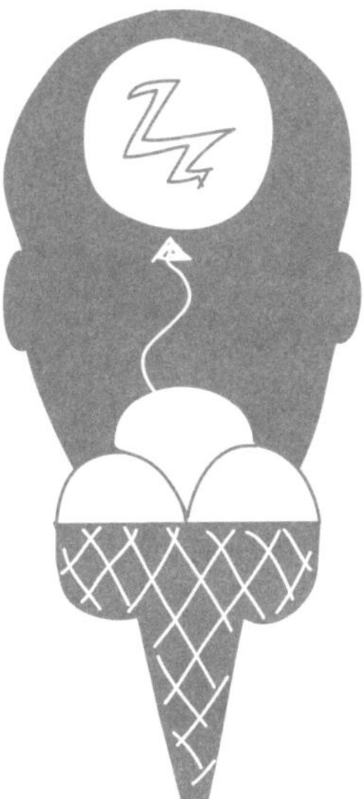

POURQUOI A-T-ON UNE DOULEUR AU CERVEAU **EN MANGEANT DE LA GLACE ?**

QUESTION DE NATSU PLAYER

Ça nous est arrivé au moins une fois dans notre vie et, purée, ce que c'est désagréable ! Tiens, rien que d'y penser, ça me glace le sang... Cette douleur provient de la dilatation des vaisseaux sanguins du cerveau. Le corps détecte une froide agression et dilate ces vaisseaux pour permettre l'afflux sanguin, équilibrer la température interne et protéger le cerveau.

D'OÙ VIENT LA BARBE À PAPA ?

QUESTION DE FLAPYYOP

Ce n'est peut-être plus de mon âge mais je suis un grand fan des fêtes foraines. J'adore l'ambiance, les manèges, les jeux et surtout les confiseries. Il y a la célèbre pomme d'amour, les bonbons mais aussi la barbe à papa. Je prends très souvent le grand format, j'ai les doigts tout collants, je m'en mets partout et c'est trop bon. Mais quelle est l'origine de ce classique des fêtes foraines ?
Déjà, pour le nom, on ne s'est pas trop foulé. On dit **« BARBE À PAPA »** tout simplement parce que cette sucrerie ressemble à une barbe (sauf qu'elle est rose).

LES PREMIÈRES MACHINES À BARBE À PAPA VOIENT LE JOUR EN 1897. WILLIAM MORRISON, UN DENTISTE, ET JOHN WHARTON, UN CONFISEUR, SONT LES PAPAS DE LA BARBE À PAPA. POUR LA PETITE HISTOIRE, LA FAIRY FLOSS (EN ANGLAIS), EST PRÉSENTÉE POUR LA PREMIÈRE FOIS À L'EXPOSITION UNIVERSELLE DE SAINT-LOUIS (MISSOURI) EN 1904, OÙ ELLE S'ARRACHA. MALGRÉ SES 25 CENTS L'UNITÉ, LA MOITIÉ DU PRIX D'ADMISSION À LA FOIRE, IL S'EN VENDRA 68 655.

Un gain bien fourni qui tombait pile-poil pour en faire la star des fêtes foraines. Mais **BARBAPAPA**, vous le savez, c'est aussi une série de livres pour enfants, adaptée en série télévisée.
L'un des créateurs de cette série, Talus Taylor, alors qu'il se promenait en 1970 au jardin du Luxembourg, entendit un enfant réclamer à ses parents une barbe à papa. Ne parlant pas français, il demanda ce que c'était à Annette Tison, son épouse, qui lui expliqua que c'était une confiserie. Cela lui inspira ces personnages en forme de poire, et notamment le père : le fameux Barbapapa rose.
Bon, tout ça pour dire que je reste un gros gamin, moi.

POURQUOI LES BURGERS DES FAST-FOODS NE RESSEMBLENT-ILS JAMAIS AUX PHOTOS ?

Question de Little Schwa

C'est vrai qu'on bave beaucoup plus devant la caisse d'un fast-food en regardant l'énorme photo qu'en ouvrant la boîte. Là, la déception devient plus grande que l'appétit. Mais c'est normal, parce que les burgers photographiés ont subi un traitement spécial. Ils contiennent exactement les mêmes ingrédients mais disposés différemment : ils sont tous ramenés vers l'avant du burger pour le rendre plus important, laissant l'arrière pratiquement vide. Il existe même des « food-stylist » spécialisés dans ce domaine.

POURQUOI LES ANGLAIS ROULENT-ILS À GAUCHE ?

QUESTION DE LORIS SKR

Il n'y a rien de plus perturbant, pour un Français, que de conduire outre-Manche. N'importe quel trajet se transforme en angoisse permanente de ne pas céder au réflexe de rouler à droite. Même quand on est piéton, c'est compliqué : on ne sait plus d'où arrivent les voitures ! Pourquoi nous infligent-ils ça ? Ça ne serait pas plus simple si on se mettait d'accord pour choisir tous le même côté et nous y tenir ? Oui ça le serait, mais ce serait l'abolition d'une tradition bien plus vieille que l'invention de l'automobile.

Le fait que les Anglais roulent à gauche remonte au Moyen Âge. À l'époque, on portait son épée à gauche, plus facile à dégainer puisque la majorité des gens sont droitiers. Lorsque deux chevaliers se croisaient à cheval, chacun se rangeait sur sa gauche afin que les épées ne se touchent pas. Ce qui aurait pu être interprété comme une provocation et aboutir sur un combat. Il faut savoir que cette pratique n'était pas qu'anglaise. En France aussi on faisait la même chose ! Jusqu'à l'arrivée de Napoléon qui, impérial, a décidé d'inverser le sens par lequel les cavaliers se croisaient pour surprendre l'ennemi et développer un avantage tactique. Il imposa ensuite ce croisement à droite à tout son Empire - sauf aux Anglais, qui restèrent invaincus !

Du coup, ce ne sont pas les Anglais qui sont farfelus de rouler à gauche, mais plutôt ceux qui conduisent à droite ! Et tout ça à cause de Napoléon.

POURQUOI LES OISEAUX VOLENT-ILS BAS JUSTE AVANT UN ORAGE ?

Question de Goyave34

Juste avant un orage, la **PRESSION ATMOSPHÉRIQUE** change et empêche les petits insectes de voler trop haut. C'est donc pour les manger que les oiseaux volent aussi bas.

POURQUOI LES BATEAUX PORTENT-ILS UN NOM ?

Question de Guillaume M.

N'importe quel bateau, de la barque au paquebot, peut avoir un nom.

MAIS CERTAINS D'ENTRE EUX SONT OBLIGÉS D'ÊTRE NOMMÉS ET IMMATRICULÉS : CEUX MESURANT PLUS DE 7 MÈTRES OU QUI ONT PLUS DE 22 CHEVAUX DE PUISSANCE. C'EST LA LOI, QUOI. LE NOM ET L'IMMATRICULATION SONT RÉPERTORIÉS DANS UN DOCUMENT : L'ACTE DE FRANCISATION. LE NOM S'ADRESSE AUX DOUANES ET L'IMMATRICULATION, AUX AFFAIRES MARITIMES.

Ces deux données sont utiles en cas de détresse, pour que les victimes puissent indiquer leurs références aux secours. Mais bon je ne vais pas vous mener en bateau, il n'y a pas de dépôt légal de nom, tous les bateaux pourraient s'appeler pareil que personne ne broncherait (à part les marins). Si l'immatriculation est obligatoire, le nom relève de la superstition. Les marins pensent que ça porte malheur de ne pas nommer un bateau.
Je vous laisse imaginer ce que ça donnerait si vous deviez donner un nom à votre voiture.

D'OÙ VIENT LA SENSATION DE FROID LORSQU'ON MANGE UN BONBON MENTHOLÉ ?

Question de Panda's Songs

Le mot important dans cette question, c'est « sensation ». Car le bonbon ne produit pas vraiment du froid. En réalité, le menthol entraîne l'activation des capteurs sensibles au froid situés dans la bouche, lesquels envoient au cerveau une fausse information selon laquelle il ferait froid. Bien joué le menthol !

POURQUOI LES TAXIS AMÉRICAINS SONT-ILS JAUNES ?

Question d'Arthur L.

À cause d'un seul homme, John Daniel Hertz. Il possédait une compagnie de taxis à Chicago et avait lu que la couleur jaune était celle qui se voyait le mieux de loin. Il a donc repeint tous ses taxis de cette couleur. Par la suite, les autres compagnies l'ont imité !

À NOTER : LES ÉTATS-UNIS NE SONT PAS LES SEULS À POSSÉDER UN CODE COULEUR POUR LEURS TAXIS. EN ANGLETERRE, PAR EXEMPLE, LES CABS SONT LE PLUS SOUVENT NOIRS, EN ESPAGNE JAUNES ET AU MAROC ROUGES.

POURQUOI LA TRANSPIRATION SENT-ELLE MAUVAIS ?

Question de Sparcko31

Ça va vous surprendre mais la sueur ne sent rien ! Si si, elle est inodore lorsqu'elle sort du corps. Si elle devient très rapidement nauséabonde, c'est par la faute des bactéries qui se développent dans les zones de transpiration (aisselles, aine, etc.).

COMBIEN Y A-T-IL D'ACARIENS DANS UN OREILLER ?

Question de Lepdu66

10 MILLIONS ! ÇA FAIT PEUR HEIN ?

À QUELLE FRÉQUENCE LES FRANÇAIS FONT-ILS CACA ?

Question de Karim H.

68 % des Français le font une fois par jour, quant aux autres, c'est seulement une fois tous les deux jours. 30 % des Français sont constipés. (Et, parfois, dans le métro par exemple, on pourrait croire que le pourcentage est bien plus élevé...)

POURQUOI A-T-ON PARFOIS LES YEUX ROUGES SUR UNE PHOTOGRAPHIE ?

QUESTION DE DAMIANO

On a tous cette photo d'anniversaire de quand on était petit, où tous les invités ressemblent à des **VAMPIRES** avec leurs yeux rouges. Mais d'où vient ce phénomène ? Déjà, vous avez pu le remarquer, cette réaction n'apparaît que sur les photos prises au flash.

> C'EST TOUT SIMPLEMENT PARCE QUE LA LUMIÈRE DU FLASH PÉNÈTRE DANS NOS YEUX ET SE REFLÈTE CONTRE LE FOND DE LA RÉTINE.

La couleur rouge, elle, est due au sang que contiennent les vaisseaux tapissant le fond de la rétine. Pour contrer ce phénomène disgracieux, il existe des flash anti-yeux rouges ! Ils permettent de réduire la taille de la pupille et donc les reflets.

D'OÙ VIENNENT LES TRAÎNÉES QUE FONT LES AVIONS DANS LE CIEL ?

QUESTION DE SOPHIE B.

C'est toujours fascinant de voir les traces blanches que laissent les avions en vol. On s'est tous demandé ce qu'était cette **« FUMÉE »** étant petit. Toutes les théories y sont passées ! C'est le pipi des passagers, la pollution des réacteurs, c'est comme ça que se forment les nuages, c'est pour faire joli… Évidemment, rien de tout ça !

LES TRAÎNÉES QUE LAISSENT LES AVIONS SONT TOUT SIMPLEMENT DE LA VAPEUR D'EAU. LES RÉACTEURS REJETTENT DE LA VAPEUR D'EAU QUI SE CONDENSE PUIS GÈLE AU CONTACT DE L'AIR GLACÉ À HAUTE ALTITUDE. CES TRACES SONT DONC… DES GLAÇONS !

Je vous vois venir, pas besoin d'attendre sous une traînée de condensation avec un cocktail pour espérer attraper un glaçon, ils fondent bien avant de toucher le sol, se retransformant en vapeur d'eau.

À QUOI SERT LE TOUT PETIT TROU AU MILIEU DU CORPS DU STYLO BIC ?

QUESTION DE KEEPCALMANDLOVE29

Je ne parle pas du trou sur le bouchon ou celui sur le capuchon, non je parle bien du tout petit trou sur le corps transparent du stylo, à mi-distance des extrémités. Eh bien, ce trou-là a une utilité, et ce n'est pas pour éviter que les enfants s'étouffent avec, car s'ils avalent le stylo en entier, ce n'est pas ce petit trou qui va les sauver…

EN RÉALITÉ CE TROU SERT À MAINTENIR UNE PRESSION ÉGALE ENTRE L'INTÉRIEUR DU BIC ET L'EXTÉRIEUR, AFIN QUE L'ENCRE NE FUIE PAS. CAR SI LA PRESSION ÉTAIT PLUS IMPORTANTE À L'INTÉRIEUR QU'À L'EXTÉRIEUR, L'ENCRE SERAIT EXPULSÉE PAR LA BILLE, CE QUI NE SERAIT PAS TRÈS PRATIQUE DU COUP…

QUELLE QUANTITÉ URINE-T-ON ?

QUESTION DE TOUPIKO

L'envie de faire pipi se fait ressentir dès que la vessie atteint **150 ML D'URINE**. Mais si vous êtes du genre à vous retenir, à lanterner, vous pouvez uriner entre 250 et 450 ml en moyenne, ce qui correspond au volume de la vessie. Bon, de là à prendre votre vessie pour une lanterne, faut pas pousser !

POURQUOI LES CHATS N'AIMENT-ILS PAS L'EAU ?

QUESTION DE CHAMALOW

Car le chat est une espèce originaire du Moyen-Orient. Une zone désertique où l'eau est très rare. Il n'en a donc pas l'habitude.

POURQUOI LES FILMS SORTENT-ILS LE MERCREDI ?

QUESTION DE NICOLAS P.

En réalité, le mercredi n'a pas toujours été le jour des sorties cinéma. **AVANT 1936**, les films sortaient le vendredi (comme aux États-Unis encore aujourd'hui d'ailleurs). Ce jour de la semaine était choisi pour permettre au bouche à oreille de démarrer et ainsi de ramener le plus de gens possible le dimanche, le seul jour de repos hebdomadaire à l'époque. Puis, le samedi devint lui aussi un jour de repos en 1936. Le monde du cinéma français décida donc de repousser le jour de sortie au jeudi. Ca ne dura pas longtemps puisqu'un an plus tard, le jour changea encore et passa au mercredi, afin de permettre de palier d'éventuels problèmes techniques et ainsi d'être prêt quoi qu'il arrive pour le week-end.

Durant quelques années, les choses roulent et le mercredi semble contenter tout le monde, mais **APRÈS LA GUERRE**, coup de théâtre : le jour de sortie des films revient au jeudi ! Tout ça parce que le jeudi était le jour de repos des enfants, et quitte à sortir le film pour le week-end, autant en profiter pour rameuter les bambins le jour de la sortie. Quand, en 1972, le jour de repos des enfants change et passe au mercredi, c'est toute l'industrie du cinéma français qui fait marche arrière pour revenir au mercredi. Finalement, le jour de sortie des films n'est pas gravé dans le marbre et pourrait bien encore changer !

POURQUOI APPELLE-T-ON LES FLICS DES « POULETS » ?

QUESTION DE MARIE-LOU

C'est bizarre comme surnom ! J'ai beau regarder un policier sous toutes ses coutures, j'ai du mal à saisir le rapport entre un agent de la paix et cette volaille... Et c'est normal que la raison de ce surnom ne saute pas aux yeux !

EN FAIT, IL NE S'AGIT PAS DE RESSEMBLANCE PHYSIQUE MAIS PLUTÔT GÉOGRAPHIQUE. EN 1871, JULES FERRY (CELUI À QUI ON DOIT L'ÉCOLE OBLIGATOIRE... MERCI BIEN !), ALORS MAIRE DE PARIS, DÉCIDE D'INSTALLER LA CASERNE DES NOUVEAUX GARDIENS DE LA PAIX SUR L'ÎLE DE LA CITÉ, SUR L'EMPLACEMENT DE L'ANCIEN MARCHÉ... AUX VOLAILLES.

Il n'en a pas fallu plus pour donner un surnom aux policiers...

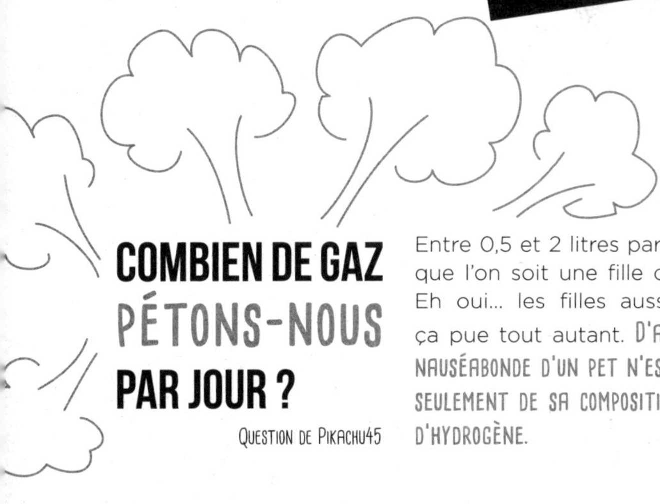

COMBIEN DE GAZ PÉTONS-NOUS PAR JOUR ?

QUESTION DE PIKACHU45

Entre 0,5 et 2 litres par jour ! Et cela que l'on soit une fille ou un garçon. Eh oui... les filles aussi pètent... et ça pue tout autant. D'AILLEURS, L'ODEUR NAUSÉABONDE D'UN PET N'EST DUE QU'À 1 % SEULEMENT DE SA COMPOSITION : LE SULFURE D'HYDROGÈNE.

QUELLES SERAIENT LES MENSURATIONS DE LA POUPÉE BARBIE DANS LA VRAIE VIE ?

QUESTION DE LAMBERTO

96 CM DE TOUR DE POITRINE
46 CM DE TOUR DE TAILLE
86 CM DE TOUR DE HANCHE.

COMBIEN PÈSE LA TOUR EIFFEL ?

QUESTION DE JOHANNA F.

7 300 TONNES
(seulement pour la charpente métallique).

COMBIEN Y A-T-IL DE LANGUES DIFFÉRENTES DANS LE MONDE ?

QUESTION DE VUX01

Plus de 6 000 langues vivantes sont recensées dans le monde ! Mais la plupart sont en voie de disparition. Selon les chiffres de l'ONU, seulement 1 % de toutes ces langues sert à la communication de 99 % de l'humanité !

POURQUOI LES LETTRES D'UN CLAVIER **NE SONT-ELLES PAS DANS** L'ORDRE ALPHABÉTIQUE **?**

Question de DreamW Conviction

On connaît tous l'ordre AZERTY des claviers en français et QWERTY en américain (le nom reprenant simplement la disposition des premières lettres). **MAIS POURQUOI DANS CET ORDRE ?**

À première vue, on pourrait croire que les concepteurs des claviers ont pris toutes les lettres, les ont mélangées et se sont dit : « Et voilà ! » Mais en réalité la disposition est très réfléchie.

C'est le QWERTY qui a vu le jour en premier, tout simplement parce qu'il a été inventé par des Américains — Sholes et Glidden pour leur nouveau modèle de machines à écrire. Brevet racheté et popularisé par Remington, aux États-Unis. Et pour ceux qui n'ont jamais connu de machine à écrire, quand on appuie sur une touche, ça actionne un bras métallique qui vient frapper une bande imbibée d'encre pour imprimer la lettre sur le papier. Le problème, c'est que ces bras métalliques avaient tendance à s'emmêler. Du coup, Sholes et Glidden ont eu l'idée d'alterner les lettres les plus utilisées avec celles qui le sont moins. Comme ça, plus de problème d'accrochage entre les tiges. Mais en français, les lettres les plus utilisées ne sont pas les mêmes qu'en anglais, voilà pourquoi les claviers des machines à écrire ont été adaptés au français en repositionnant les lettres en AZERTY.

Puis, quand on a délaissé les machines à écrire pour les ordinateurs, les claviers sont restés à l'identique pour ne pas chambouler les habitudes des gens. En toute logique, chaque clavier s'adapte à la langue du pays : le QWERTZ en Allemagne, le FGĞIOD en Turquie, le ŪGJRMV en Lettonie, etc. Et je vous laisse imaginer le clavier en japonais ou en chinois...

Quel animal a le plus gros sexe ?

Question de Kevin D.

Commençons d'abord par le bas du classement. Il faut savoir que le gorille a le plus petit pénis, proportionnellement à sa taille, du règne primate. Seulement 5 cm ! Mais chez les mammifères, il n'a pas le plus petit. LE PLUS PETIT SEXE, TOUTE TAILLE CONFONDUE, EST CELUI DE LA MUSARAIGNE ÉTRUSQUE. SEULEMENT 5 MM POUR UN ANIMAL DE 2 CM. Rapporté à l'homme, ça équivaudrait à un pénis de 4,25 cm.

À l'inverse, la palme du plus gros sexe revient à la baleine bleue avec 2,5 mètres ! Mais proportionnellement à sa taille, ce n'est pas elle qui a le plus gros.

LE GRAND CHAMPION EST L'ÉLÉPHANT, AVEC SES 2 MÈTRES DE SEXE. En comparaison, en gardant cette proportion, l'homme aurait un pénis de 26 cm en moyenne, ce qui, arrêtez de mentir messieurs, n'est pas le cas !

Ce classement n'est valable que pour les mammifères ; si l'on y avait inclus les oiseaux, le gagnant aurait été, de loin, le canard, avec un sexe mesurant deux fois sa taille !

POURQUOI EST-IL IMPORTANT DE RENSEIGNER LE LIEU LORSQU'ON REMPLIT UN CHÈQUE ?

Question de Marie-Lou

Je pense ne pas être le seul à me poser cette question à chaque fois que je remplis un chèque. Autant la somme, l'ordre et la date, je comprends l'utilité.
Mais le lieu ? Est-ce grave si je mets Mulhouse sur un chèque signé à Biarritz ? Eh bien oui ! C'est grave.
Car le lieu du chèque n'est pas là pour faire joli, il désigne le tribunal compétent pour s'occuper de l'affaire en cas de litige avec ledit chèque. À l'avenir, évitez de mettre Mulhouse… sauf si vous avez envie d'aller visiter le tribunal de la région en cas de problème.

LES POISSONS ROUGES ONT-ILS VRAIMENT 3 SECONDES DE MÉMOIRE ?

Question de Valentin

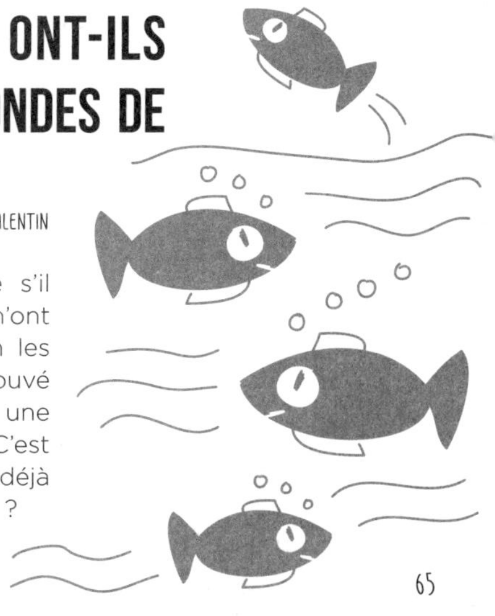

NON ! C'est une légende ! Même s'il faut bien reconnaître qu'ils n'ont pas l'air très intelligent quand on les regarde… Pourtant, il a été prouvé que les poissons rouges auraient une mémoire allant jusqu'à 3 mois ! C'est pas beaucoup non plus mais c'est déjà mieux que 3 secondes… Hein Doris ?

COMBIEN DE CILS AVONS-NOUS ?

QUESTION DE WONDERPATATE

150 À 200 SUR LA PAUPIÈRE SUPÉRIEURE ET 50 À 150 POUR LA PAUPIÈRE INFÉRIEURE.

POURQUOI LES MOUCHES SE FROTTENT-ELLES LES PATTES ?

QUESTION D'AYMERICK N.

On a tous remarqué qu'à chaque fois qu'une mouche vient se poser quelque part, on la voit se frotter les pattes. Nous prépare-t-elle un mauvais coup ? Non, en réalité, quand elle se frotte les pattes, elle se **NETTOIE**.

Les pattes des mouches (à ne pas confondre avec les pattes de mouche de certaines écritures) sont pleines de capteurs sensoriels pour la chaleur, l'humidité, le vent, les odeurs... et à force de se poser un peu partout, elles sont vite encombrées d'excrément ou de pollen. En se frottant les pattes, la mouche enlève la matière qui s'y est déposée afin de retrouver leur sensibilité.

CAR OUI, UNE MOUCHE, C'EST SENSIBLE...

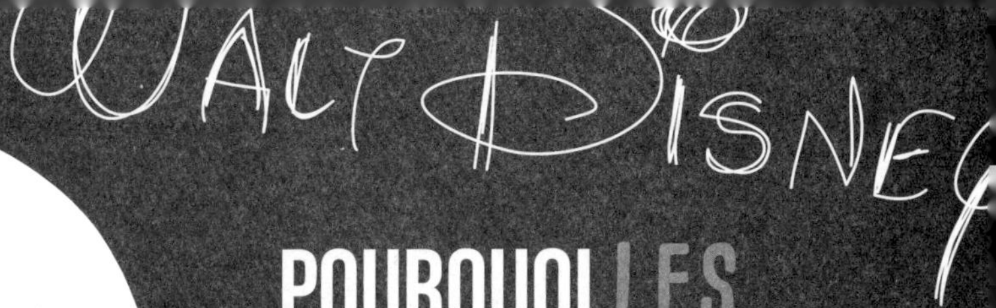

POURQUOI LES PERSONNAGES DES MANGAS ONT-ILS DE GRANDS YEUX ?

Question de RainyJapan

Rien de plus cool selon moi qu'un petit **MANGA** avant d'aller me coucher. Ça me détend, les histoires sont toujours fantastiques et les dessins toujours très bien faits. Pourtant, les yeux des personnages m'ont toujours interpellé. Très logiquement, dans une BD japonaise, on pourrait s'attendre à voir des personnages aux yeux bridés.

Si ce n'est pas le cas, c'est à cause d'un Américain : **WALT DISNEY**.

Le créateur du monde de Mickey a inspiré le père du manga moderne, le Japonais Osamu Tezuka. Cet illustrateur japonais était un grand fan de… *Bambi*, un classique de l'univers Disney. Pour exporter ses dessins dans le monde entier, notamment aux États-Unis et en Europe, Tezuka a l'idée de créer des personnages auxquels le plus grand nombre de gens pouvait s'identifier. Il a alors récupéré l'un des traits de *Bambi* : ses très grands yeux. Et le premier grand succès d'Osamu Tezuka n'a pas tardé à arriver, car en 1952 naît *Astro Boy*. Ce triomphe mondial a incité les autres dessinateurs japonais à copier ce style. Inversement, Tezuka a inspiré à son tour les studios Walt Disney qui ont sorti en 1994 *Le Roi Lion*, adaptation de l'une des histoires du dessinateur japonais, *Le Roi Léo*, publiée dans les années 1950. Le copieur est copié et la boucle est bouclée.

COMMENT FAIT-ON RENTRER LES BATEAUX DANS LES BOUTEILLES ?

QUESTION DE JEANNE B.

Ça paraît un peu dingue quand on voit une frégate coincée dans une bouteille en verre, et pourtant la méthode est simple, bien qu'astucieuse.

LE BATEAU EST FABRIQUÉ À L'EXTÉRIEUR DE LA BOUTEILLE. SES MÂTS ET SES HAUBANS SONT FLEXIBLES ET PLIÉS À L'HORIZONTALE UNE FOIS LA FABRICATION DU NAVIRE TERMINÉE. ON LIE DES FILS AUX MÂTS, SUR LESQUELS ON TIRE LORSQUE LE BATEAU EST ENTRÉ DANS LA BOUTEILLE. LES VOILES SE HISSENT ET LE NAVIRE ADOPTE SA TAILLE FINALE.

Une autre méthode, considérée comme une tricherie, consiste à scinder la bouteille en deux. On y met le bateau puis on ressoude la bouteille. Des ornements, tels que des cordes, sont généralement placés à l'endroit où la soudure a eu lieu pour la camoufler.
Ah, et les artisans de ces bateaux en bouteille s'appellent les NAVIBOTELLISTES. Voilà.

COMBIEN DE GRAINS DE RIZ DANS UN PAQUET DE UN KILO ?

Question de Cédric

+/- 43 252
(oui je les ai comptés…)

COMBIEN DE COQUILLETTES DANS UN PAQUET DE 500 GRAMMES ?

Question de Bisounours

+/- 5 913
(bah oui, c'est plus gros que les grains de riz)

COMBIEN DE GRAINS SUR UN ÉPIS DE MAÏS ?

Question de Crohm Wut

683
(sur le mien en tout cas…).

POURQUOI CHANGE-T-ON D'HEURE DEUX FOIS PAR AN ?

QUESTION DE ANRIOD

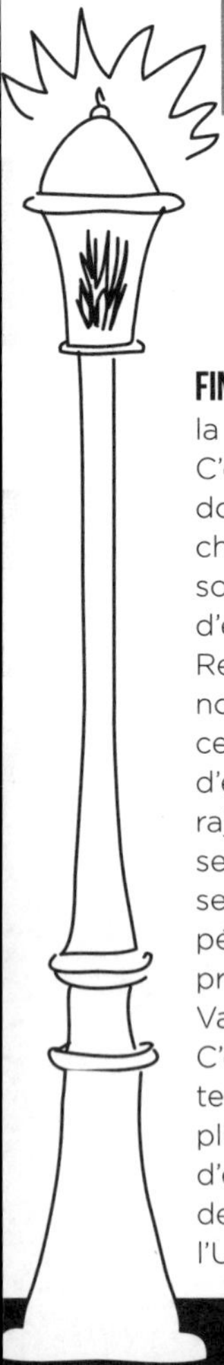

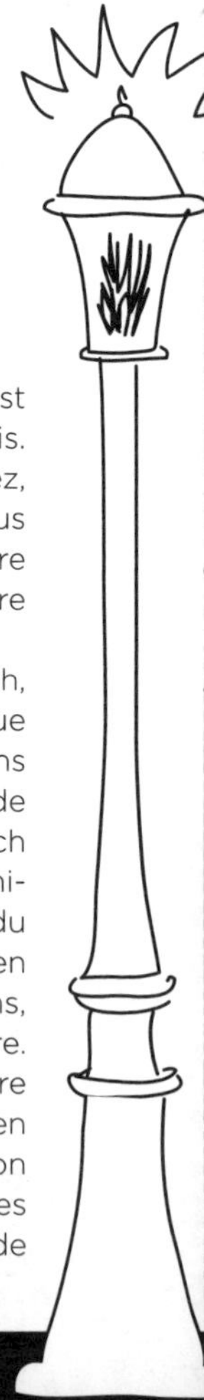

FINALEMENT, ON DORT PLUS OU ON DORT MOINS ? Je crois que c'est la question qui agite le plus les Français tous les six mois. C'est hyper important pour tout le monde. Vous savez, dormir une heure de plus ou de moins, ça peut vous changer un homme. Passé ces interrogations sur notre sommeil, pourquoi a-t-on une heure d'hiver et une heure d'été ?

Revenons en 1911 : la France adopte l'heure de Greenwich, notre pays étant situé dans le même fuseau horaire que cette petite ville sise près de Londres. Pour des raisons d'économies d'énergie (déjà), la France décide en 1916 de rajouter une heure, par rapport à l'heure de Greenwich seulement pendant les mois d'été (de mi-juin à mi-septembre). À la suite du choc pétrolier de 1973, le prix du pétrole est multiplié par quatre et le prix de l'électricité en prend un coup lui aussi. Devant ces fortes augmentations, Valéry Giscard d'Estaing décide du changement d'heure. C'est en 1975 que sont institués les changements d'heure tels qu'on les connaît aujourd'hui. Cette heure de soleil en plus le soir devait permettre alors de réduire l'utilisation d'électricité pour l'éclairage. Et depuis 1998, les dates de changement d'heure ont été harmonisées au sein de l'Union européenne.

Dans tous les pays membres, le passage à l'heure d'été s'effectue le dernier dimanche de mars et le passage à l'heure d'hiver, le dernier dimanche d'octobre. Pour résumer, on dort une heure de plus au passage à l'heure d'hiver. Ah, j'aurais peut-être dû commencer par là !

À QUELLE VITESSE NOS CHEVEUX POUSSENT-ILS ?

Question de MadneyX

0,35 MM PAR JOUR EN MOYENNE, SOIT 12,8 CM PAR AN !

COMBIEN Y A-T-IL DE GRAINES DE SÉSAME SUR LES BURGERS MCDONALDS ?

Question de BlueKILL25

178 EN MOYENNE.

Pourquoi le bleu est-il associé aux garçons et le rose aux filles ?

Question de OniX

Pour bien comprendre cette question cruciale, on va remonter un peu le temps jusqu'à l'**ANTIQUITÉ**. En Grèce, à l'époque, c'était une bonne chose d'avoir des garçons. Ils travaillaient tôt et donc ramenaient de l'argent à la famille. Les filles en revanche coûtaient cher car elles ne travaillaient pas (enfin pas contre rémunération...) et lors du mariage les parents devaient payer une dot à la famille du marié. Les gens préféraient donc avoir des garçons plutôt que des filles. Un garçon était pour eux un don de Dieu. Ils l'habillaient alors de bleu, couleur du ciel, là où vivent les dieux. Les filles quant à elles, on s'en fichait un peu de la couleur dont elles étaient habillées.

Bref le temps passe et arrivé au **MOYEN ÂGE**, surprise ! Le bleu devient la couleur de la Vierge Marie et est donc associée... aux filles ! Et les garçons eux étaient... en rose ! Oui ! C'était complètement inversé ! Le rose était à cette époque le symbole de la virilité !

Puis arrive un nouveau retournement de situation ! Le blanc devient la couleur unique pour les deux sexes, symbolisant la pureté et l'innocence de l'enfant.

> La mode du bleu et du rose revient bien plus tard, sous Louis XV. Philippe Rouet, un peintre belge, invente un nouveau ton de rose, qu'il utilise pour la porcelaine de la Manufacture royale de Sèvres. Madame de Pompadour, alors maîtresse de Louis XV, tombe raide dingue de cette couleur. À tel point qu'elle l'impose sur les tenues des petites filles de la Cour à Versailles. Depuis lors, le rose est associé aux valeurs féminines : la beauté, la douceur et la fragilité.

Du coup, les garçons sont allés se faire rhabiller en bleu ! Moralité, la couleur, c'est vraiment une question à la con pour différencier un individu d'un autre !

COMBIEN PÈSE LA TROMPE D'UN ÉLÉPHANT ?

Question de Aaartz

PLUS DE 100 KILOS !
Elle possède à elle seule près de 150 000 muscles !

POURQUOI SOMMES-NOUS CHATOUILLEUX ?

Question de C3dricdu35

Bon je vous aime bien, alors je vais vous dire un de mes secrets : je suis très chatouilleux. Que ce soient les pieds ou les aisselles, je peux rigoler pendant des heures si on me fait des guili-guili.
En effet, les chatouilles stimulent des glandes placées dans des parties de notre corps rarement touchées. Ça envoie alors un message à notre cerveau qui provoque le rire. Pour les personnes extrêmement sensibles (dont je fais partie), les chatouilles sous les pieds peuvent être une sensation très désagréable. Oui, parfois, je n'ai pas d'humour.

Les parties du corps les plus réceptives aux chatouilles sont les côtes, les aisselles, le cou, le ventre ou la plante des pieds. Vous saurez donc où viser si vous voulez embêter quelqu'un.

Une question reste tout de même sans réponse : pourquoi ça ne fonctionne pas quand on se le fait soi-même ? C'est très simple, notre cerveau n'est pas con : il sait que c'est nous, il n'est pas surpris et n'envoie donc pas le même message que lorsqu'une autre personne essaie de nous faire des chatouilles.

COMBIEN DE TEMPS FAUT-IL POUR COMPTER JUSQU'À UN MILLIARD ?

Question de Iossy

C'est vraiment le genre de question qui me fait le plus rire. Vous connaissez mon amour pour les chiffres et surtout mon amour illimité presque dingue maladif pour compter tout et n'importe quoi. Et cette question, évidemment, je l'adore.

D'ailleurs, des calculs très scientifiques ont été faits pour y répondre : à condition de consacrer une seconde à chaque nombre, il faudrait **31 ANS ET 259 JOURS** pour compter jusqu'à un milliard. Ah oui, là, ça calme. Mais en plus, ce n'est pas aussi simple.

Car plus les nombres sont grands, plus il faut du temps pour les énoncer entièrement. Disons qu'il nous faut environ trois secondes en moyenne pour citer chacun d'eux jusqu'à un milliard, et du coup il nous faudrait pas moins de 95 ans pour y arriver ! Tout cela sans s'arrêter, ni pour boire, manger, faire pipi ou jouer à la console. Je crois avoir trouvé là ma prochaine question con à faire en vidéo. Vous risquez de ne pas me voir pendant un petit moment.

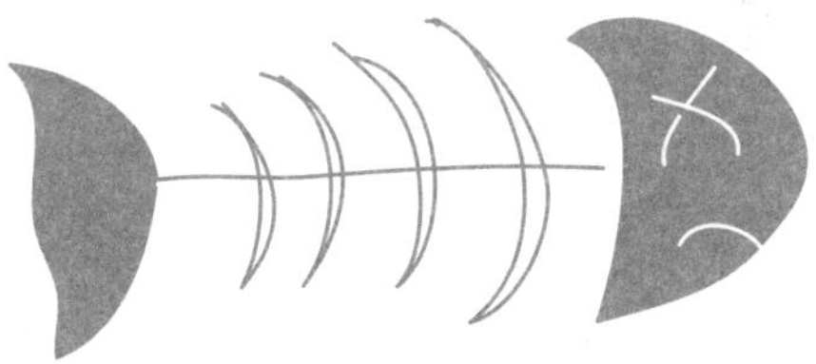

COMBIEN Y A-T-IL D'ARÊTES DANS UN POISSON ?

Question de Hyper Lence

Je n'ai compté les arêtes que de trois poissons : la sardine, le maquereau et la daurade. Et il semblerait que plus la bête est petite, plus les arêtes sont nombreuses. CHEZ LES SARDINES, ON EN COMPTE 120, CHEZ LE MAQUEREAU 72 ALORS QUE LA DAURADE (LA PLUS GROSSE DES TROIS) N'EN A QUE 68.

Combien de Mon Chéri faut-il manger pour être positif à l'éthylotest ?

Question de moi-même !

Qui ne s'est pas posé cette question en croquant (intentionnellement ou non) dans un chocolat à la liqueur ? Ne nous le cachons pas (et ne le crachons pas), au moment où, pour la première fois de votre vie, la liqueur coule sur votre langue pour venir vous défoncer la bouche, vous vous êtes forcément demandé, entre une grimace de dégoût et une envie de vomir : « Je peux être bourré en bouffant ça ? Et combien faudrait-il en avaler ? » On peut répondre à cette question de manière théorique ou pratique.

Réponse version relax

Faut l'avouer, la version théorique est bien plus simple (mais bien moins drôle). Il y a en moyenne **8 ML D'ALCOOL PUR POUR 100 G DE CHOCOLAT**. Chaque chocolat pesant 10,5 g, il est facile d'en déduire qu'un chocolat à la liqueur renferme 0,67 g d'alcool pur. Un verre de vin en contient 10 g !

Alors imaginez le nombre de Mon Chéri qu'il faut ingurgiter pour être au-dessus de la limite autorisée pour conduire... Continuons notre raisonnement pour le savoir.
UN HOMME DE 80 KG A BESOIN DE 28 G D'ALCOOL PUR POUR ATTEINDRE LES 0,5 G D'ALCOOL DANS LE SANG. IL FAUT DONC 42 MON CHÉRI POUR ÊTRE POSITIF À L'ÉTHYLOTEST. Voilà pour ce qui est de la théorie.

RÉPONSE QUI M'A COÛTÉ MON ESTOMAC

Pour la pratique en revanche... eh bien, c'était un peu plus compliqué. Eh oui, j'ai bien passé une matinée entière à m'empiffrer de chocolats à la liqueur pour prouver tout ça. Le pire dans cette histoire, c'est que je ne peux même pas en manger un sans voir ma vie défiler tellement je n'aime pas ça ! Du coup, en plus d'être une torture pour mon estomac, ça a été une horreur pour mes papilles.

Au départ, j'ai commencé à manger les Mon Chéri par séries de 15, entrecoupées d'éthylotest pour être au plus près du résultat. Arrivé au 42e chocolat (le fatidique selon la théorie), je n'étais toujours pas positif... J'ai dû continuer, malgré la nausée et la crise de foie qui commençait à me titiller...

Ce n'est qu'à partir du 45e que le test a commencé à changer de couleur. J'ai refait des tests à chaque chocolat mangé pour trouver la valeur exacte. Finalement, la limite des 0,5 g/l d'alcool dans le sang a été atteinte au 47E MON CHÉRI. Soit une différence de 5 chocolats entre la théorie et la pratique. En revanche, la crise de foie, elle, a bien été atteinte...

MAIS ALORS POURQUOI 47 AU LIEU DE 42 COMME PRÉVU ?

EN FAIT, C'EST TOUT SIMPLE : LES MON CHÉRI CONTIENNENT BEAUCOUP DE SUCRE, LEQUEL RÉDUIT LE TAUX D'ALCOOL DANS LE SANG.

Une réponse inutile à une question que vous n'avez plus besoin de vous poser maintenant grâce à mon estomac. D'ailleurs, depuis, il me fait un peu la gueule... pôv' chéri.

COMBIEN DE TEMPS PEUT-ON PASSER SANS DORMIR, AVANT DE MOURIR ?

QUESTION DE LUKABDX

On ne sait pas vraiment combien de temps l'on pourrait rester sans dormir avant de mourir. Cette expérience, faute de volontaire, n'a jamais été réalisée en laboratoire pour la simple et bonne raison qu'elle implique la mort de quelqu'un. Eh ouais. Mais il y a un record, détenu par un Américain et répertorié en 1965, de 11 jours sans dormir (soit 264 heures).

ET D'APRÈS LES CHERCHEURS, LE MANQUE DE SOMMEIL NE CONDUIT PAS DIRECTEMENT AU DÉCÈS, CE SONT PLUTÔT SES DOMMAGES COLLATÉRAUX (HAUSSE DE LA PRESSION ARTÉRIELLE ET DE LA SÉCRÉTION DE L'HORMONE DU STRESS, LE CORTISOL) QUI SONT MORTELLEMENT NÉFASTES POUR L'HOMME.

COMBIEN FAUT-IL DE COUPS DE LANGUE POUR FINIR UNE SUCETTE ?

QUESTION DE TAUPE 10

Juré, craché, je les ai tous comptés.

ET IL M'EN A FALLU 1 087 !
Et deux bouteilles d'eau...

À NOTER : s'il faut autant de coups de langue pour finir une sucette, sachez que vous n'avez besoin que d'une seule sucette pour vous détruire la langue.

POURQUOI LES BISCUITS DURS DEVIENNENT-ILS MOUS ET INVERSEMENT ?

Question de Sloneaxar77

Je sais que c'est pas bien mais j'adore grignoter. C'est vrai que c'est pas très recommandé par les nutritionnistes mais bon parfois je cède à un petit plaisir entre deux repas. Mon péché mignon, ce sont les tartines et les biscuits. Mais j'ai un problème avec ces derniers.

Mes biscuits durs deviennent mous et mes biscuits mous deviennent durs ! Eh oui, à chacun ses problèmes, moi ça m'agace ce genre de choses. En fait, il y a une logique à tout ça. **Le point commun de ces biscuits, c'est l'humidité.** Le biscuit dur, par exemple, ne peut pas devenir plus dur. Pour lui une seule solution : se ramollir. Ce processus s'enclenche dès que le biscuit dur capte l'humidité dans l'air ambiant : il se remplit d'eau et devient mou. Quant à son pote, le biscuit mou, lui c'est le contraire, au contact de l'air son humidité s'évapore et il devient dur.

Ah la vie est mal faite parfois, c'est ballot... allez, pour me consoler, je vais m'en grignoter un !

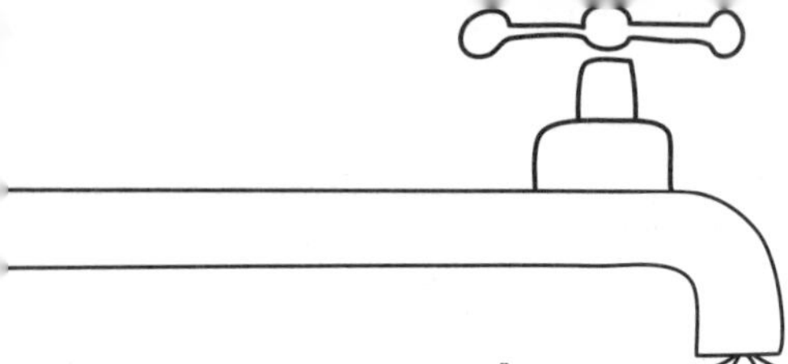

Faut-il mouiller sa brosse à dents avant ou après y avoir posé le dentifrice ?

Question de MrMaegos

Ni l'un ni l'autre !

Les dentifrices sont prévus pour être efficaces sans avoir à mouiller la brosse. La dissolution dans la salive suffit.

COMMENT LES AUDIENCES À LA TÉLÉVISION SONT-ELLES MESURÉES ?

QUESTION DE KEVIN T.

Certaines personnes, et vous en faites peut-être partie, possèdent chez elles un boîtier particulier qui enregistre ce qu'elles regardent. Ces personnes doivent même signaler à l'aide d'une télécommande le moment où elles allument la télé ou celui où elles s'absentent. Les **STATISTIQUES** sont basées sur ces différents foyers qui, bien que leur nombre soit infime, sont considérés comme représentatifs de la population française.

QUEL EST LE SEUIL DE LA DOULEUR AUDITIVE ?

QUESTION DE KAWAKA20

120 DÉCIBELS.

Cependant, un groupe de *heavy metal*, Manowar, l'a franchi lors d'un concert en atteignant 129,5 décibels. Ce qui équivaut à peu près à un avion à réaction au décollage. Bizarrement, je ne regrette pas de ne pas y avoir assisté.

Combien de temps faut-il pour vider un Bic ?

Question de Yann L.

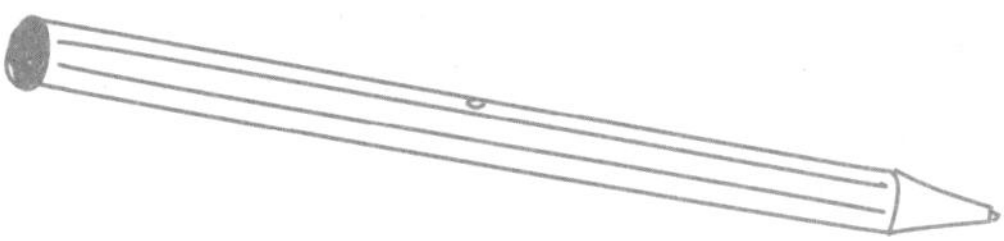

Faites pas les innocents, on s'est tous posé la question au moins une fois à l'école. Le Bic, c'est typiquement l'objet que l'on n'a jamais vu vide (bon, à part ceux qui travaillent chez Bic et les étudiants en médecine...).
C'est vrai : avant même qu'on arrive à utiliser toute l'encre, on perd le stylo, il se casse, on se le fait voler par un camarade de classe qui lui-même se le fera tirer par son voisin, etc.

La vie d'un Bic est si triste : il se fait écraser à longueur de journée contre une feuille, passe de main en main toute sa vie et ne sera jamais terminé. Un immense sentiment d'inachevé envahit tous les Bic du monde, mais ça, tout le monde s'en fout. Eh bien pas moi ! Car j'ai décidé d'en finir un pour enfin savoir ce qu'il a réellement dans le ventre.

EN PASSANT, LE NOM DU STYLO BIC VIENT DE SON INVENTEUR, MARCEL BICH. QUAND IL A VOULU DONNER SON NOM À SON STYLO, IL A EU PEUR QUE LES UTILISATEURS PRONONCENT LE « H » À LA FIN DE SON NOM, ALORS QUE CELUI-CI EST MUET. IL A DONC DÉCIDÉ DE LE RETIRER AFIN D'ÉVITER LES STYLOS « BICHE ».

D'UNE SIMPLE EXPÉRIENCE D'UN APRÈS-MIDI...

J'ai donc acheté quelques cahiers d'école et je me suis installé confortablement chez moi, armé d'un Bic bleu (pourquoi pas noir, rouge ou vert ? Aucune idée...).

Mon but était de savoir combien de temps/distance/tendinite il me faudrait pour arriver à bout de ce stylo. Dans mon idée, avec un peu de détermination, en quelques heures j'allais le réduire à néant. Ça, c'est ce que je pensais durant les 50 premières pages, qui m'ont déjà pris des heures et des heures à écrire. Mais surtout, à la fin des 50 premières pages, je me suis aperçu que le niveau d'encre du stylo n'avait même pas daigné descendre ne serait-ce que de quelques foutus centimètres. Il me narguait, sournois, me défiant de le terminer. Je dois avouer que j'ai failli le laisser gagner à ce moment-là, mais comme je suis quelqu'un de tenace, et surtout après avoir pris conscience que je me battais contre un... stylo... j'ai remis en perspective ma vie : en gros, déjà que je suis un loser, alors si je perdais contre un Bic, quelle image aurais-je de moi sur mon échelle de l'estime de soi ?
J'ai donc pris mon courage à deux mains, le stylo à une, et j'ai continué coûte que coûte à écrire, telle une machine inaltérable.

… À 5 journées en Enfer

Enfin quand je parle de machine inaltérable, ça valait pour la première journée. Parce que arrivé le soir, quand j'ai réalisé que j'allais devoir faire ça durant plusieurs jours, je n'en menais pas large. Mais c'était trop tard, je ne pouvais plus reculer. Je suis donc allé me coucher avec une douleur lancinante dans le poignet, comme si le Bic me murmurait dans mon sommeil : « Abandonne, c'est moi le plus fort ! »
Il était bien sûr hors de question que je laisse le stylo gagner. Le deuxième jour, j'étais donc sur le pied de guerre, ou plutôt sur le poignet de guerre, dès mon café du matin. À la fin de mon premier cahier, mon poignet me suppliait d'arrêter. Mais je ne pouvais pas l'écouter : la guerre c'est la guerre ! J'ai dû continuer comme ça durant 5 jours, utiliser 4 cahiers pour enfin terminer le Bic.

Aujourd'hui, je peux dire que le seul combat que j'aie jamais gagné de ma vie a été contre un stylo…
Mais je suis ravi de pouvoir vous apprendre qu'avec un Bic, on peut écrire 296 pages, soit 9 089 lignes, ce qui correspond à environ 100 000 mots, couvrant ainsi une distance de 1,49 km !

QUEL ÂGE A LE SOLEIL ?

Question de Lola D.

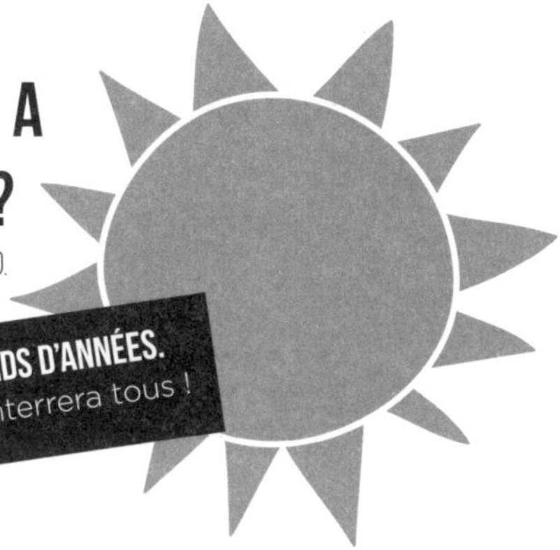

4,57 MILLIARDS D'ANNÉES.
Et il nous enterrera tous !

QUELLE EST LA VITESSE MOYENNE D'UN ESCARGOT ?

Question de Mr Darknesseo

1 MM À LA SECONDE, SOIT 0,0036 KM/H !

QUE FAIT LE COMPTEUR KILOMÉTRIQUE SI L'ON ROULE EN MARCHE ARRIÈRE ?

Question de PopeyeLT

Eh bien… **RIEN DU TOUT.** À part rire de vous qui avez essayé de baisser votre nombre de kilomètres au compteur. Tricheurs !

QUELLE EST L'ORIGINE DU PÉTROLE ?

QUESTION DE DJANGOGO8

Cette ressource que tout le monde s'arrache reste assez floue pour ceux qui, comme moi, n'ont aucun lien avec le pétrole. Pas même un oncle texan pour m'en offrir un peu.

Son origine date de quelques millions d'années. Rien que ça. Il provient d'animaux marins et de végétaux morts, issus des fonds océaniques. UNE INFIME PARTIE DE CES « RESTES » A RÉUSSI À REMONTER DE LA « BIOSPHÈRE PROFONDE » (LES FONDS MARINS TRÈS TRÈS TRÈS PROFONDS, POUR LES NON-INITIÉS). Le processus qui suit est un brin complexe mais, globalement, se sont rajoutées à cette matière des couches sédimentaires comme de la vase. Les plaques tectoniques en mouvement permettent de libérer certains gaz émanant de la fermentation du pétrole. Un processus entièrement naturel qui, quelques millions d'années plus tard, fournit une ressource devenue indispensable aujourd'hui : le pétrole.

POURQUOI LES RONGEURS AIMENT-ILS GRIGNOTER LES FILS ÉLECTRIQUES ?

QUESTION DE YOAN B.

Ce n'est ni par goût du risque ni par carence alimentaire mais bel et bien par plaisir.
LES ISOLANTS DES FILS ÉLECTRIQUES SONT PARFOIS COMPOSÉS DE MATÉRIAUX BIOLOGIQUES SUCRÉS (COMME L'AMIDON DE MAÏS). Et le sucre rend ces fils électriques très appétissants pour nos amis les rongeurs.

QUELLE EST LA PLANTE QUI POUSSE LE PLUS VITE ?

QUESTION D'ISAAC R.

En demandant autour de moi, je me suis rendu compte que la plupart des gens pensaient que le bambou était le végétal poussant le plus vite au monde. Eh bien c'est faux ! C'est la **JACINTHE D'EAU** qui détient le record : elle peut grandir de 5 mètres par jour ! Ce qui rend cette plante extrêmement dangereuse pour l'écosystème. C'est sûr qu'en poussant autant, elle finit par recouvrir tout ce qui se trouve autour...
Quand je pense que moi, il m'a fallu 18 ans pour mesurer 1,88 mètre...

COMBIEN DE TEMPS FAUT-IL POUR PARCOURIR TOUTES LES LIGNES DU MÉTRO PARISIEN ?

QUESTION DE MOI-MÊME !

Selon une étude, les Français passent en moyenne **23 MINUTES PAR JOUR** dans les transports, pour se rendre sur leur lieu de travail, ce qui correspond à une semaine par an !
Vous vous rendez compte ? Une semaine par an consacrée uniquement au trajet que vous faites pour aller bosser ! C'est déjà énorme, mais à **PARIS** c'est encore pire.
Le Parisien y passe **33 MINUTES PAR JOUR !** Évidemment, la plupart du temps c'est en métro. Et je peux vous dire qu'entre 33 minutes de voiture, de bus, d'avion, de soucoupe volante ou de métro, ce sera forcément le métro le plus difficile. Ceux qui le prennent tous les jours savent de quoi je parle, pour les autres, laissez-moi vous le décrire en quelques mots : bruit, odeurs de transpiration, claustrophobie, 800 personnes au mètre carré, odeurs d'urine (sans parler des jours de grève ou des alertes au colis piégé, etc.).
BREF, LE MÉTRO C'EST PAS VRAIMENT L'IDÉAL, SAUF CET ÉNORME AVANTAGE : À PARIS, IL VOUS AMÈNE PARTOUT AVEC SES 16 LIGNES ET SES 302 STATIONS.

Bon sur toute la ligne

Pour que ma réponse à cette question con soit valide, je devais passer par **CHACUNE DES 302 STATIONS**. Faire les lignes, de terminus à terminus, et qui plus est, dans l'ordre ! Je suis donc parti de la Défense, terminus de la ligne 1, à 7 heures du matin, le ventre plein et la vessie vide.

Au moment où je suis entré dans la première rame de métro ce matin-là, je ne m'attendais pas à faire le voyage le plus éprouvant de ma vie. Évidemment, je me doutais que cette expérience allait être difficile, mais à ce point-là sûrement pas ! Enfin je démarrais par la ligne 1 et à ce moment-là, tout allait bien. Les 25 stations qui m'ont mené jusqu'à Château de Vincennes ressemblaient à mon trajet quotidien. De là, il me fallut rebrousser chemin sur quelques stations pour attraper la ligne 2. Elle aussi est passée comme une lettre à la poste, mais plus les lignes s'enchaînaient, plus la torture s'intensifiait.

Métro, c'est trop !

C'est à partir de la **LIGNE 7**, aux alentours de 13 heures, que les choses ont complètement basculé. Mon esprit s'est mis à m'abandonner peu à peu, à s'éparpiller par petits bouts façon puzzle, me laissant un peu plus décérébré à chaque nouvelle station.
Je perdais la notion du temps, ma montre indiquait 17 heures seulement et pourtant j'avais l'impression d'y être depuis plusieurs jours. Les sons se mélangeaient, une fatigue extrême s'abattait sur moi comme une chape de plomb.
JE PEUX AUJOURD'HUI VOUS L'ASSURER : FAIRE DES ALLERS-RETOURS DANS LES SOUS-SOLS DE PARIS, OPPRESSÉ ET CONFINÉ DANS UNE RAME AFFREUSEMENT BRUYANTE, ÇA REND FOU EN 10 HEURES. C'est le point de non retour. Tout ce que je peux dire de la suite de mon voyage, c'est que si mon corps a bien parcouru les 302 stations, mon esprit lui s'est évadé bien avant.

Dans tous les cas, sachez que je suis arrivé à la dernière station à 23 h 13, **IL M'A DONC FALLU 15 HEURES ET 13 MINUTES** pour parcourir toutes les lignes du métro parisien. Amis conducteurs, je n'aurais qu'une question pour vous : comment faites-vous ?

POURQUOI LES CHATS RETOMBENT-ILS TOUJOURS SUR LEURS PATTES ?

QUESTION DE SMOKY ANDAL

C'est un réflexe inné que les chats ont assimilé lorsqu'ils n'étaient pas encore domestiqués. Habitués à grimper aux arbres, ils se sont forgé une souplesse hors du commun et un équilibre excellent.

LORS D'UNE CHUTE, LES CHATS UTILISENT CE RÉFLEXE POUR SE POSITIONNER FACE AU SOL. S'ILS SONT SUR LE DOS C'EST LA TÊTE QUI TOURNE EN PREMIER, SUIVI PAR LE HAUT DU CORPS PUIS PAR LE BAS DU CORPS. JUSTE AVANT L'IMPACT CONTRE LE SOL, LE CHAT ARQUE SON DOS POUR AMORTIR LE CHOC.

Cependant, il leur faut au minimum **1,5 MÈTRE** de chute pour leur permettre d'exécuter leur rétablissement. Sinon... ils se ramassent comme ils peuvent.

À QUELLE VITESSE POUSSENT LES ONGLES ?

QUESTION DE MARY PMV

Les ongles des mains poussent en moyenne de **3 MM PAR JOUR.** Pour ce qui est des ongles de pied, la croissance est de 30 % à 50 % moins rapide. IL FAUT COMPTER 4 À 6 MOIS POUR QU'UN ONGLE DE MAIN SE RENOUVELLE ENTIÈREMENT, CONTRE 12 À 18 MOIS POUR UN ONGLE DE PIED.

POURQUOI LES QUÉBÉCOIS ONT-ILS UN ACCENT ?

QUESTION DE DARREN

En réalité ils n'ont **PAS D'ACCENT**, c'est le nôtre qui a changé. Je m'explique : les premiers colons français qui peuplèrent le Canada venaient des quatre coins de la France. Ils parlaient donc des patois différents, ce qui rendait la communication très compliquée. Ils se sont alors mis d'accord pour n'utiliser qu'une seule langue : le français de la cour du Roi. Ainsi on retrouve plusieurs témoignages au XVIIe siècle indiquant que les Canadiens avaient un parfait accent français, comme on le parlait alors à la cour de France ! Sauf qu'au fil du temps, le français de France a évolué. L'accent est devenu plus soutenu, plus pointu, alors que celui des Québécois est resté intact. SI L'ON RÉSUME, LOUIS XIV AVAIT L'ACCENT QUÉBÉCOIS...

Pourquoi les CHAUVES-SOURIS dorment-elles la tête en bas ?

Question de Fabien W.

Ces mammifères sont les parias du règne animal. Les humains en ont peur, pensent que ce sont des **VAMPIRES** qui attaquent leurs proies juste pour boire leur sang. De plus les chauves-souris sont porteuses de nombreuses maladies. Bon, ça c'est vrai… mais pour ce qui est du côté vampire et tout le tralala, c'est très exagéré.
Certes, si on cherche bien, il existe effectivement quelques espèces, vivant sous l'équateur, qui sucent de temps en temps le sang des bêtes blessées. Et il se pourrait qu'en cas de grande famine, et en dernier recours, quelques-unes aient essayé de sucer le sang d'un ou deux humains pendant leur sommeil. Mais bon, on va pas stigmatiser toute une espèce à cause de trois crétines qui n'avaient plus rien à bouffer, non ?

En tout cas, ce qui est sûr, c'est qu'en Europe nous n'avons aucune chauve-souris « vampire ». Les nôtres, elles mangent des fruits ! En magasin, elles préfèrent le rayon primeur au rayon boucherie.

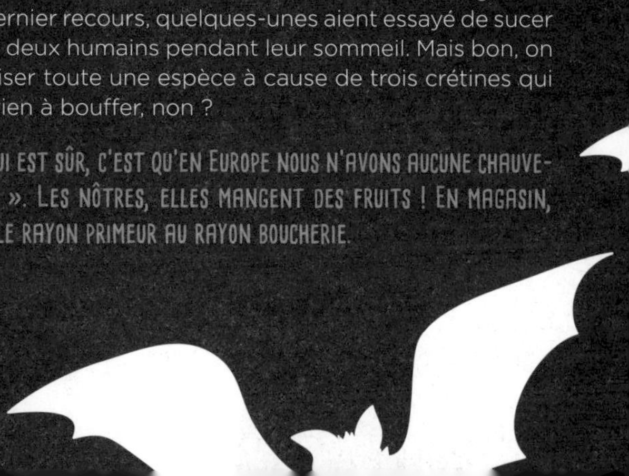

Bref, tout ça ne nous dit pas **POURQUOI ELLES DORMENT LA TÊTE EN BAS**, mais il me semblait important de remettre de l'ordre dans les idées reçues sur les chauves-souris. Alors, au fil de l'évolution, les chauves-souris ont développé leurs aptitudes au vol. Leurs ailes se sont allongées au détriment de leurs pattes qui, du coup, sont devenues trop faibles pour supporter leur corps.
Résultat, si vous mettez une chauve-souris sur ses pattes arrière, elle tombe. Comme elles ne peuvent pratiquement pas décoller en partant du sol, à cause de leurs longues ailes, elles ont trouvé plus pratique de s'accrocher tête vers le bas pour prendre le départ.

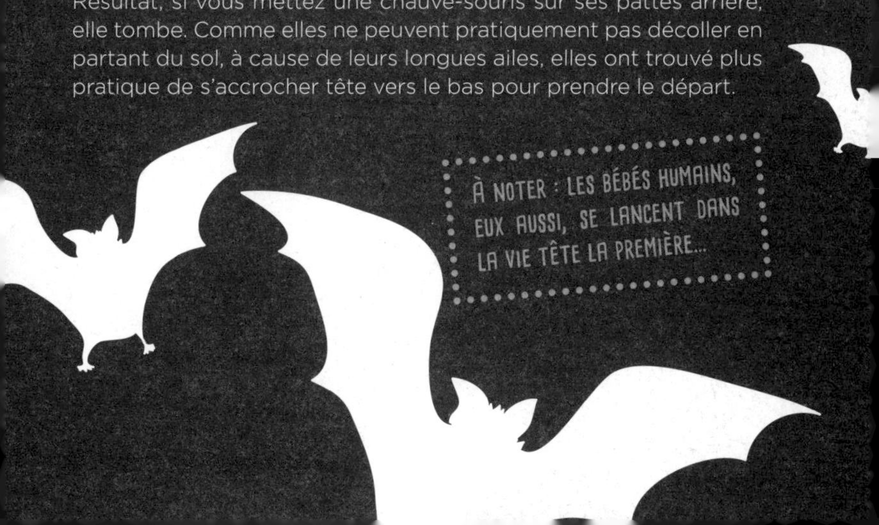

À NOTER : LES BÉBÉS HUMAINS, EUX AUSSI, SE LANCENT DANS LA VIE TÊTE LA PREMIÈRE...

POURQUOI CERTAINS **FROMAGES** ONT-ILS DES TROUS ?

Question d'ArCaB-77

Tout d'abord, petite précision que tout un chacun devrait connaître : **LE GRUYÈRE N'A PAS DE TROU**, c'est l'emmental qui en possède !
Une fois cette précision apportée, on peut maintenant se demander : pourquoi y a-t-il des trous dans l'emmental ? En fait, c'est à cause des bactéries qui libèrent du **DIOXYDE DE CARBONE** (le fameux CO_2) durant la fermentation. Si si, c'est vrai. Mais le type de bactéries et les processus de fermentation à l'origine de ce phénomène sont restés une énigme jusqu'en 2015 ! La science cherchait depuis 1917 l'origine de ces trous, sans succès. Aujourd'hui, on sait, enfin. Et c'est très surprenant !

CES BACTÉRIES VIENNENT DE PETITES PARTICULES DE FOIN, QUI SE RETROUVENT DANS LE LAIT LORS DE LA TRAITE DES VACHES. DURANT LA FERMENTATION, CE SONT CES BACTÉRIES, PRÉSENTES DANS LES MINUSCULES MORCEAUX DE FOIN, QUI ÉMETTENT DU GAZ CARBONIQUE ET FORMENT DES BULLES... QUI DEVIENNENT DES TROUS.

Les chercheurs ont constaté que plus les moyens techniques évoluaient dans la traite des vaches, plus les trous se faisaient rares dans le fromage. Une piste qui leur a permis de résoudre l'un des plus gros mystères au monde ! Enfin à mes yeux...

OÙ LES OISEAUX DORMENT-ILS ?

QUESTION DE CLARA T.

On aurait tous tendance à répondre « bah dans les nids, triple buse ! », mais en réalité ce n'est pas le cas. Les nids sont un peu comme la chambre des enfants, là où les oisillons naissent et grandissent, mais cette **« CHAMBRE »** n'est pas l'endroit où dorment les oiseaux.
Et puis les oiseaux ne font des nids qu'en période nuptiale, le reste du temps, ils n'en ont pas. En réalité, ils se reposent sur les branches, cachés dans les feuillages. Ainsi ils sont à l'abri des prédateurs.

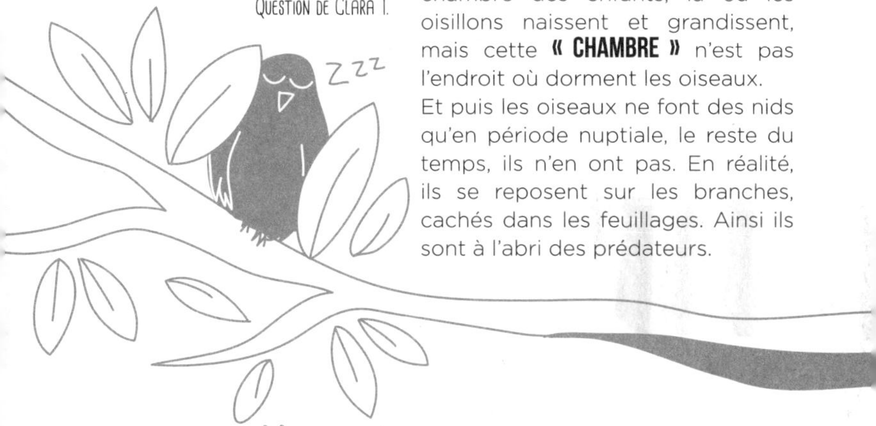

UN MILLE-FEUILLE A-T-IL VRAIMENT MILLE FEUILLES ?

QUESTION DE BOOYAKA619ISH

C'est une question que l'on s'est forcément tous déjà posée. Mais personne n'a été assez déterminé pour détruire son dessert afin de connaître la réponse. Je vous rassure, nul besoin d'en arriver là.

Les **« FEUILLES »** de cette pâtisserie sont de fines épaisseurs de pâte entourant une plaque de beurre. Et pour chaque tour, on effectue trois plis avec la pâte, puis il faut l'étaler avec un rouleau et la plier derechef trois fois. Les recettes classiques conseillent de faire six ou sept tours.

LE NOMBRE DE FEUILLES EST DONC ÉGAL À 729 POUR SIX TOURS ET 2 187 POUR SEPT TOURS !

D'OÙ VIENT L'AROBASE (@) ?

QUESTION DE GAËL J.

Si je vous dis Ray Tomlinson, ça vous dit quelque chose ? Non ? Dommage, cet homme a grandement participé à l'évolution de l'informatique. Car en plus d'avoir inventé l'**E-MAIL** (oui rien que ça, ce gars a de quoi frimer), Ray Tomlinson est aussi à l'origine de l'utilisation de l'**AROBASE**, l'un des symboles d'Internet.
En 1971, l'ingénieur américain cherche un signe pour séparer les deux parties de l'adresse mail. Il passe alors en revue son clavier, à la recherche d'un signe qui n'apparaîtrait dans aucun nom propre. Ses yeux, et surtout ses mains, se posent alors sur la touche **P**. À cette époque, le **P** cohabitait avec le signe **@** et il fallait l'actionner par le raccourci **SHIFT + P**. Et c'est par ce choix, a priori insignifiant, que Ray Tomlinson sauva l'arobase de l'anonymat.
Soyons un peu plus précis, enfin essayons. Comment cette touche pouvait-elle être sur le clavier de Tomlinson ?

ÇA PEUT PARAÎTRE FOU, MAIS BIEN AVANT 1971 ET RAY TOMLINSON, L'AROBASE S'ÉTAIT DÉJÀ BRILLAMMENT ILLUSTRÉE. ELLE S'ARRACHAIT COMME UN DISQUE DE JUSTIN BIEBER OU LE DERNIER IPHONE AU XIXᴱ SIÈCLE : AUX ÉTATS-UNIS, LES COMMERÇANTS L'UTILISAIENT POUR INDIQUER UN PRIX UNITAIRE. « 2 BOOKS @ $10 » SE LISANT PAR EXEMPLE « 2 LIVRES À 10 DOLLARS PIÈCE ». EN 1873, À L'HEURE DES PREMIÈRES MACHINES À ÉCRIRE, CE SIGNE Y A RAPIDEMENT ÉTÉ RAJOUTÉ POUR FAIRE PLAISIR AUX COMMERCIAUX ET AUTRES COMPTABLES. ET LES CONCEPTEURS DES PREMIERS SYSTÈMES INFORMATIQUES ONT, PAR FACILITÉ ET UN PEU PAR FLEMME AUSSI JE PENSE, REPRIS LES CLAVIERS DES MACHINES À ÉCRIRE, DONNANT UNE SECONDE VIE À L'AROBASE.

UNE QUESTION RESTE ENCORE EN SUSPENS : QUELLE EST L'ORIGINE HISTORIQUE DE L'AROBASE ?

Ah ! Là, il n'y a pas consensus (et non c'est pas un gros mot). Selon certains linguistes, elle apparaîtrait dès le VIᵉ siècle dans des manuscrits en latin. @ serait juste une abréviation de la préposition latine « ad » (signifiant chez, vers, à), faite par la jonction de deux lettres : le d venant s'enrouler, avec beaucoup d'élégance je dois le dire, autour du a.

À quoi sert la petite poche sur les jeans ?

Question de Charlie Chou

On pourrait croire qu'elle est utile pour y mettre des pièces, des préservatifs ou des clés, mais non.
À l'époque de la création du jean par **JACOB DAVIS** et **LEVI STRAUSS**, en 1873, ce vêtement n'était pas encore populaire. Jacob Davis en taillait pour des clients très fortunés qui avaient tous une montre à gousset. Il rajouta donc une cinquième poche au jean pour que ses clients puissent y glisser leur montre.
ET CETTE POCHE EST ENCORE PRÉSENTE AUJOURD'HUI CAR LORS DU DÉPÔT DE BREVET DU JEAN, JACOB DAVIS ET LEVI STRAUSS PRÉCISÈRENT QU'UN VRAI JEAN DOIT AVOIR CINQ POCHES.
Aujourd'hui, vous pouvez y mettre ce que vous voulez, et je dois dire que je suis bien heureux d'avoir cette poche quand je dois ranger mes pièces rouges après mon passage en caisse.

COMMENT SAVOIR SI UN ŒUF EST POURRI ?

QUESTION DE CORALIE L.

TRÈS SIMPLE : plongez-le dans l'eau. L'œuf est constitué d'une chambre à air qui grossit avec le temps. Du coup, plus il y a d'air dans un œuf, moins il est consommable.
Donc s'il coule dans l'eau, vous pouvez le manger. S'IL FLOTTE À LA SURFACE, FAITES-VOUS PLUTÔT UN STEAK.

POURQUOI LES POULES BOUGENT-ELLES TOUT LE TEMPS LA TÊTE ?

QUESTION D'AURELIEN G.

Les poules ont **DES YEUX PLACÉS DE CHAQUE CÔTÉ DE LA TÊTE**, une disposition propre aux espèces qui sont en bas de la chaîne alimentaire, aux proies. Le souci, c'est que l'image captée par chaque œil n'est pas fixe, un peu comme lorsqu'on regarde le paysage défiler derrière la fenêtre d'un train.
Les poules sont donc obligées de bouger la tête d'avant en arrière pour réduire ce défilement et obtenir une image nette. Grâce à ce mouvement, leur tête est constamment parallèle au sol et reste dans une position quasiment fixe. UN HOMME S'ÉTAIT MÊME AMUSÉ À TRANSFORMER SA POULE EN STABILISATEUR D'IMAGES EN LUI FIXANT UNE CAMÉRA GO PRO SUR LA TÊTE.

QUEL EST LE PRÉNOM DE MCGYVER ?

QUESTION DE AURÉLIE

ANGUS

COMBIEN DE SUEUR PRODUIT-ON CHAQUE JOUR ?

QUESTION DE MICHAEL T.

ENTRE 0,5 ET 1 LITRE ! Et l'on peut en produire jusqu'à 3 litres lors d'une activité sportive. En même temps, avec 3 millions de glandes produisant de la sueur sur notre corps, ce n'est pas si terrible comme productivité...

QUEL A ÉTÉ LE TOUT PREMIER COMMENTAIRE POSTÉ SUR YOUTUBE ?

QUESTION DE MISTER BOBEY

Un truc tout simple, posté par COBALTGRUV : **« INTERESTING ».**

La vidéo en question, une des premières postées, s'appelle *Me at the Zoo* et expose un des créateurs de YouTube... au zoo.

POURQUOI LES CRABES MARCHENT-ILS DE TRAVERS ?

Question d'AmandeCats666

Aucun rapport avec l'ivresse des profondeurs. Pour éviter les **AGRESSIONS EXTÉRIEURES**, comme les coups de bec des oiseaux, leur carapace s'est aplatie et étirée au fil de l'évolution. Cette caractéristique les rend moins vulnérables, mais un peu plus ridicules, il faut l'avouer.

Et s'ils marchent de travers, c'est qu'ils y sont forcés. LEUR PROTECTION ET LA MANIÈRE DONT SONT POSITIONNÉES LEURS ARTICULATIONS LES EMPÊCHENT DE MARCHER VERS L'AVANT ET LES OBLIGENT À SE DIRIGER VERS LA DROITE OU LA GAUCHE.

Donc non, les crabes ne sont pas soûls du matin au soir. Côté boisson, ils marchent droit !

COMMENT LES POISSONS SE REPÈRENT-ILS DANS LES ABYSSES ?

QUESTION DE MARINE R.

Les abysses sont si profonds que la lumière ne peut y pénétrer. Il y fait très très sombre !
Alors si certains poissons sont équipés de lampes torches naturelles, d'autres n'ont absolument rien pour éclairer leur chemin et savoir dans quelle direction ils se dirigent. Les poissons marins osseux ont dans leur tête des sortes de petits cailloux, appelés otolithes, qui sont attirés par la gravité, donc vers le bas. Grâce à ce dispositif, ils peuvent se situer dans l'espace.

ET HISTOIRE D'ÉCLAIRER VOTRE LANTERNE, SACHEZ QUE L'ÊTRE HUMAIN A UN SYSTÈME SIMILAIRE DANS L'OREILLE INTERNE.

LES RONRONNEMENTS DU CHAT ONT-ILS VRAIMENT DES VERTUS APAISANTES ?

QUESTION DE SEVENFOLD71

Bon déjà, on le sait, avoir un chat sur les cuisses, ça détend. Après une journée de boulot, il est toujours agréable de saluer notre ami à quatre pattes par une caresse sous le menton. Mais les chats ont d'autres ressources pour séduire : les ronronnements.

Les chats ronronnent à une fréquence se situant entre **25 ET 30 HERTZ**, soit une basse fréquence. Or les basses fréquences ont un effet bénéfique prouvé, non seulement sur le mental mais aussi sur le physique.

Donc si je me résume : si un chat ronronnant ne peut rien pour un bras cassé ou une bonne grippe, pour le moral du moins, c'est très efficace (allez donc faire un tour dans un bar à chats, concept qui nous vient du Japon).

D'AILLEURS, DES ENREGISTREMENTS DE RONRONNEMENTS, PARFOIS ACCOMPAGNÉS DE MUSIQUE, SONT MÊME PROPOSÉS À LA VENTE.

QUE VEUT DIRE « ETC. » ?

QUESTION DE YOUSSEF B.

Cette abréviation vient du latin **« ET CETERA DESUNT »** qui signifie : il manque des choses. Et si beaucoup de gens la prononcent **« EXÉTÉRA »** à l'oral, la vraie prononciation est **« ÉT CÉTERA »**.

COMMENT FAIRE POUR SORTIR D'UN LABYRINTHE ?

QUESTION DE LUCIE T.

Alors attention, je précise d'avance que **CETTE MÉTHODE** ne fonctionne que si l'entrée et la sortie de ce labyrinthe donnent sur l'extérieur et que le but n'est pas de rejoindre son centre.

Dans ce cas, il suffit de poser sa main sur le mur de droite (ou de gauche, comme vous préférez, mais il ne faut pas changer en cours de route), et de le longer ainsi. Même si vous arrivez à un cul-de-sac, vous reviendrez sur vos pas et pourrez continuer. Il est possible que vous soyez obligé de parcourir la totalité du labyrinthe avant d'en trouver la sortie, mais au moins vous serez dehors !

PEUT-ON BRISER UN VERRE RIEN QU'AU SON DE LA VOIX ?

QUESTION DE OXINE_DRAGIBUS_

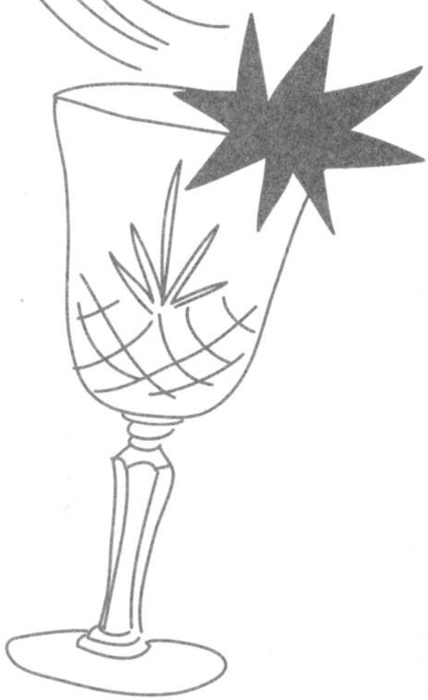

EH BIEN NON ! Cette légende entretenue par les performances lyriques (au secours !) de La Castafiore se révèle être fausse.
Il est impossible, même pour les plus grands chanteurs lyriques, de tenir assez longtemps la note correspondant à la fréquence de résonance du verre pour le briser. Ça peut par contre suffire à nous casser grave les oreilles...

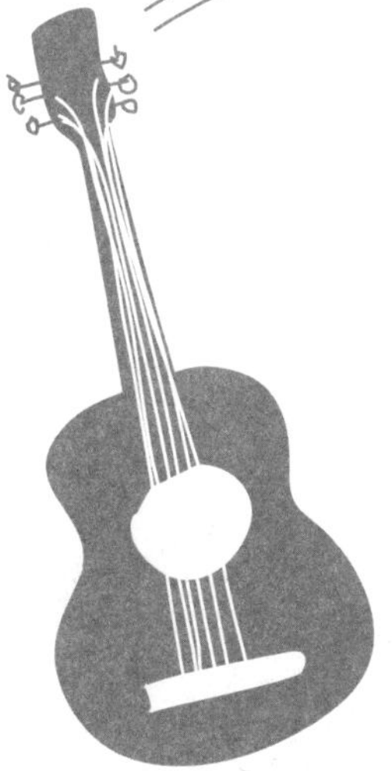

COMMENT FAIT-ON POUR ACCORDER UNE GUITARE SANS ACCORDEUR ?

QUESTION DE TECHNOBOB

Pour ceux qui ne seraient pas des **MUSICIENS AVERTIS**, il peut être compliqué d'accorder une guitare à l'oreille. Eh bien, sachez qu'il existe une solution très simple : la tonalité de base d'un téléphone en France correspond à la note « la ». Après, si vous ne savez pas à quelle corde cette note s'applique, c'est une autre question...

Combien faut-il de Post-it pour recouvrir un appartement ?

Question de Shamanniac

AHHH LES POST-IT. Le truc qui paraît tellement pratique mais qui, en réalité, ne l'est qu'à petite dose.

En fait c'est simple : un, deux ou trois Post-it sur le bureau avec des infos précises et sensées, c'est super efficace. Le problème, c'est que sans s'en rendre compte, on est pris au jeu de ces petits bouts de papier et on arrive vite à un bureau recouvert de carrés multicolores où s'entremêlent des informations dont on a oublié non seulement l'importance mais surtout l'origine. Du coup on n'ose pas les enlever, de peur de perdre un truc capital.

On a tous ce même Post-it collé depuis des mois sur un coin de l'ordi où figure seulement un numéro de téléphone, orphelin, sans nom de propriétaire. Alors on le garde précieusement mais au fond on va en faire quoi ? hein ? On n'aura jamais le courage d'appeler pour dire : « Bonjour, excusez-moi, j'ai votre numéro sur un Post-it depuis des lustres mais... qui êtes-vous ? » Non, on ne peut pas faire ça : si c'est la femme de votre patron au bout du fil, vous vous rendez compte ? Ou même pire : le relou que vous voulez ab-so-lu-ment éviter et dont, justement, vous aviez écrit le numéro pour ne pas décrocher au cas où il s'afficherait sur votre téléphone.

Alors elles sont bien belles ces utilisations primaires des Post-it, mais depuis quelques années les gens qui travaillent en entreprise ont trouvé une autre utilisation : **LA POST-IT WAR !** (PUREMENT MARKETING, ELLE A ÉTÉ ORGANISÉE PAR POST-IT ! EH OUI… ILS SONT PAS CONS LES GARS !) EN GROS, LA POST-IT WAR CONSISTE À FAIRE DES ŒUVRES EN 2D AVEC DES POST-IT COLLÉS SUR UNE FENÊTRE. Mais cette guerre s'est transformée en surenchère à qui ferait le plus gros dessin en Post-it ! Puis les choses sont carrément passées hors de contrôle quand les gens se sont mis à recouvrir tout et n'importe quoi de Post-it (table, chaise, voiture ou même maison !).
Mais pour passer à l'acte, il faut d'abord savoir combien de Post-it acheter. Or, il n'existe pas de formule pour déterminer le nombre de Post-it nécessaire en fonction de la surface, et quand une question con reste sans réponse, j'interviens !

TROP FUN !

Bien sûr, pour créer cette formule, il devrait suffire de mesurer la surface d'un Post-it et de la multiplier par la surface à recouvrir ! Mais où est passée votre âme d'enfant, celle qui n'aime pas cette méthode rationnelle et qui préfère recouvrir entièrement les murs de votre salon de carrés multicolores pour trouver la solution ? Je ne sais pas pour vous, mais moi, c'est la méthode *in vivo* qui me branche le plus !

Me voilà donc dans mon appart avec un sac rempli de Post-it, prêt à recouvrir ma pièce à vivre de 15 m² (soit 37 m² de mur). Au départ, c'est super marrant de faire ça, on pose des carrés verts, orange, jaunes ou roses les uns à côté des autres, en créant une mosaïque flamboyante. Sauf qu'au bout de 3 heures, quand vous n'avez fait qu'un seul mur, ça devient vite très chiant.

Achevez-moi SVP

Surtout que les Post-it ont un horrible défaut : ils finissent par se décoller, ce qui est le comble pour un Post-it évidemment…

Pour que le résultat soit le plus fiable possible, j'avais fait se superposer les carrés de papier de quelques millimètres pour ne pas laisser d'espace libre. Du coup, quand un Post-it décidait de mettre fin à ses jours en se décollant du haut du mur, il emportait avec lui tous ses potes qui manquaient déjà, eux aussi, de stabilité. Résultat : tout un pan de mur se résignait régulièrement au suicide collectif. Au bout de 6 heures d'enfer, j'ai dû appeler en renfort deux rouleaux de Scotch afin de ramener les Post-it à la raison. Ce problème écarté, il ne me restait plus qu'à combattre mon dernier ennemi : la patience. Car croyez-moi, il en faut pour recouvrir les murs d'une pièce de 15 m^2 !

Et il faut aussi beaucoup de Post-it puisque j'ai dû en utiliser 6 304 exactement, collés en 11 heures et 9 minutes.

MAINTENANT ON LE SAIT, POUR RECOUVRIR 1 MÈTRE CARRÉ DE MUR, IL FAUT 170 POST-IT !

COMMENT CONNAÎTRE LA DISTANCE QUI NOUS SÉPARE D'UN ORAGE ?

QUESTION DE YOUDIII

Alors plutôt que de marcher vers le tonnerre et compter ses pas, il existe une méthode plus simple et… moins dangereuse, on va dire. Il faut compter le nombre de secondes qui sépare l'éclair (la lumière) du tonnerre (le grondement) puis diviser ce nombre par trois : vous obtiendrez le nombre de kilomètres vous séparant de l'orage.

Exemple : s'il s'écoule trois secondes entre l'éclair et le grondement du tonnerre, l'orage se situe à 1 km de votre position.

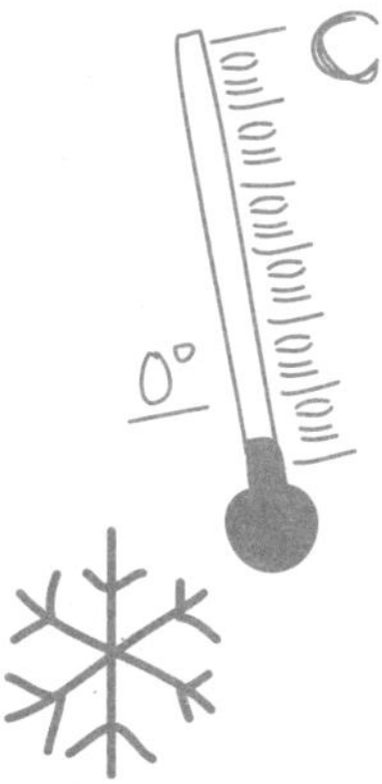

POURQUOI CLAQUE-T-ON DES DENTS QUAND ON A FROID ?

QUESTION D'ISABELLE R.

Lorsqu'on a froid, notre corps cherche impérativement à se **RÉCHAUFFER.** Tous les muscles sont alors contractés pour produire de la chaleur. C'est pour cela que l'on tremble ou que nos dents claquent.

Pourquoi entend-on le bruit de la mer dans un coquillage ?

Question de Lexoss

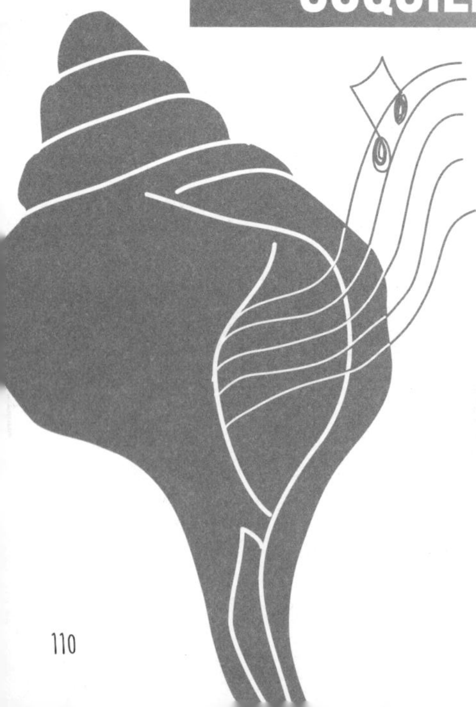

Ça n'a rien à voir avec la mer, ni avec le coquillage d'ailleurs. Enfin, un peu quand même mais pas comme vous l'entendez.

En fait, le coquillage forme une sorte de **CHAMBRE D'ÉCHO** contre notre oreille. Et ce sont les battements du cœur et le bruit du sang qui pulse dans l'oreille que nous entendons. Pour preuve, il suffit de vous coller la main sur l'oreille dans une pièce silencieuse et vous entendrez le même bruit. Vous aurez l'air un peu débile, mais ça peut toujours être relaxant !

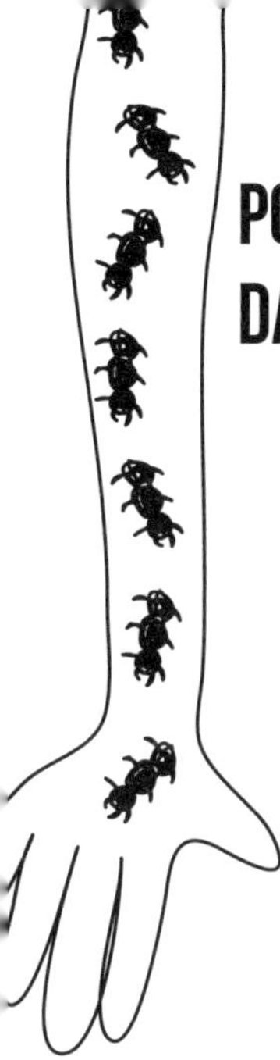

POURQUOI A-T-ON DES FOURMIS DANS LES BRAS OU LES JAMBES ?

Question de Audrey BGR

Le sang circule partout dans notre corps, et parfois, le fait de s'asseoir d'une certaine manière ou de s'endormir sur un bras peut entraîner une **INTERRUPTION DE LA CIRCULATION SANGUINE** dans un membre. Dans ce cas, les nerfs sensitifs ne sont plus alimentés en oxygène et n'envoient plus aucun signal au cerveau. C'est pour ça qu'on ne sent plus notre bras, ou notre jambe. Et lorsqu'on bouge, le sang circule à nouveau et les cellules nerveuses, jusque-là asphyxiées, envoient des signaux au cerveau sous l'afflux d'oxygène. Notre cerveau croule alors sous l'arrivée en masse des informations, et du coup, comme ça se bouscule au portillon, il nous fait ressentir des picotements là où les nerfs ont été en manque.

POURQUOI A-T-ON LES CHEVEUX BLANCS EN VIEILLISSANT ?

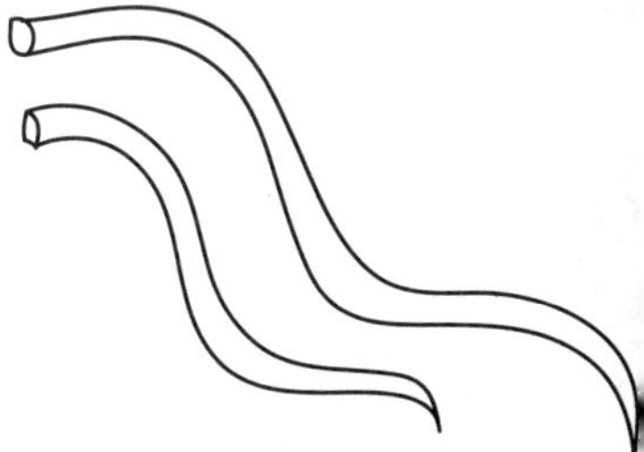

Question de Benjamin G.

Les cheveux, souvent comparés à des fils de soie dans les contes des *Mille et Une Nuits*, sont finalement… juste des **TUBES CREUX**. Aussi doux soient-ils et n'en déplaise à Shéhérazade. Que les cheveux soient blonds, bruns, roux ou châtains, leur couleur est définie par la mélanine, une substance créée par les mélanocytes. En vieillissant, ces cellules produisent de moins en moins de mélanine, d'où l'apparition de cheveux blancs.

POURQUOI LES PANNEAUX « STOP » SONT-ILS OCTOGONAUX ?

QUESTION DE CÉLINE B.

Bon déjà, vous devez savoir que je n'ai ni mon code ni mon permis et que j'arrive même pas à faire la différence entre voiture diesel ou essence. Alors vous vous demandez pourquoi j'ai mis cette question dans le livre ? Eh bien, d'abord rien ne m'arrête. Je me suis renseigné.

LE 8 NOVEMBRE 1968, LA CONVENTION DE VIENNE SUR LA SIGNALISATION ROUTIÈRE ADOPTE L'UNIFORMITÉ INTERNATIONALE DES SIGNAUX ET SYMBOLES ROUTIERS. EN D'AUTRES TERMES, NOUS AUTRES EUROPÉENS, AVONS DÉCIDÉ D'AVOIR UN CODE DE LA ROUTE SEMBLABLE À CELUI DES ÉTATS-UNIS ET DU CANADA. CETTE PETITE PARENTHÈSE HISTORIQUE REFERMÉE, ON VA ENFIN COMPRENDRE POURQUOI LES PANNEAUX STOP SONT OCTOGONAUX (8 CÔTÉS... COMME LE 8 NOVEMBRE, TROUBLANT, NON ?).

La réponse est en réalité météorologique. Restons outre-atlantique dans des zones comme l'**ALASKA**. Vous le savez tous, il fait très froid là-bas et les panneaux de circulation ont donc tendance à être couverts de neige, ce qui en empêche la lecture et donc la compréhension. Sauf évidemment si le panneau présente une forme particulière et unique. Et grâce à cette forme, reconnaissable entre toutes, le conducteur peut alors comprendre l'information sans même voir ce qu'il y a écrit dessus.

Je rappelle également à tous mes amis conducteurs que ne pas marquer l'arrêt total au stop est une infraction qui peut vous coûter 135 € d'amende, une perte de 4 points et une suspension de 3 ans du permis de conduire. Alors ne tombez pas dans le panneau, ça peut vous coûter cher.

POURQUOI A-T-ON LES DOIGTS FRIPÉS EN SORTANT DE L'EAU ?

QUESTION D'OXIYGEN

On a souvent pensé que les doigts ou les orteils se fripaient après une longue immersion car notre peau était spongieuse, mais un scientifique avance une nouvelle hypothèse : le système nerveux rend les vaisseaux sanguins plus fins sur le bout des doigts lorsqu'ils restent mouillés pendant un certain temps ; dès lors, au contact prolongé de l'eau, le volume des doigts se réduit mais la peau, elle, garde la même taille. Du coup, elle se plisse.

Tom Smulders, de l'université britannique de Newcastle, estime que ce processus servirait à avoir une meilleure prise sur les objets humides. Un peu comme les sillons dans les pneus, avoir les doigts fripés renforcerait leur adhérence sous l'eau. **ÉTONNANT !**

La bière fait-elle uriner plus que l'eau ?

Question de Sylvain

On s'est tous déjà posé cette question, au bar avec des amis. Avant même de terminer sa première pinte de bière, on se tortille déjà frénétiquement sur son tabouret. Alors qu'on peut très bien boire une bouteille d'eau, en faisant du sport ou au travail sans être gêné par une envie pressante.

D'où cette épineuse question : la bière ferait-elle uriner plus que l'eau ?

Deux matins de suite j'ai tenté l'expérience, chronomètre et verre doseur en main. Le premier jour avec de l'eau, le suivant avec de la bière. Une heure après avoir bu 50 cl d'eau, mon envie d'aller aux toilettes était insoutenable ! J'ai uriné 40 cl. Cette première donnée m'a permis de comparer avec la bière le lendemain. D'ailleurs, boire une pinte de bière dès le matin fut bien plus difficile que boire de l'eau, vraiment plus difficile... Une fois cette épreuve passée, il ne me restait plus qu'à attendre. Seulement une demi-heure plus tard, je ne pouvais déjà plus me retenir. La quantité d'urine, elle, était identique. Contrairement à l'idée communément admise, la bière ne fait donc pas plus pisser que l'eau. Elle fait pisser plus vite, nuance.

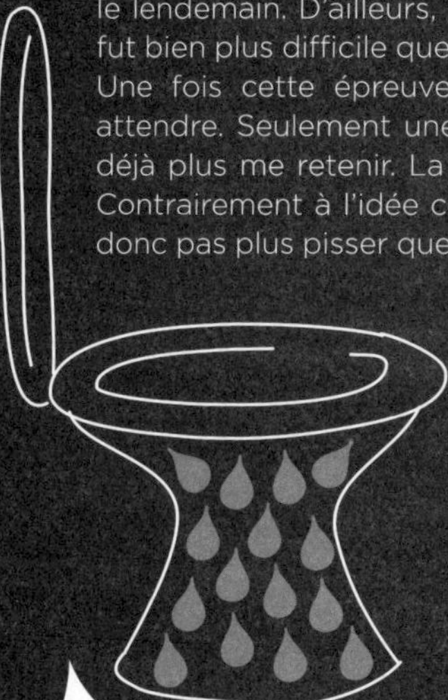

LA CAUSE ? LE HOUBLON CONTENU DANS LA BIÈRE. C'EST UN DIURÉTIQUE : IL ACTIVE LE POUVOIR FILTRANT DES REINS, TOUT COMME LE THÉ OU LE CAFÉ.

Vous avez maintenant une excuse toute trouvée pour aller aux toilettes de manière récurrente lors d'un rendez-vous douteux.

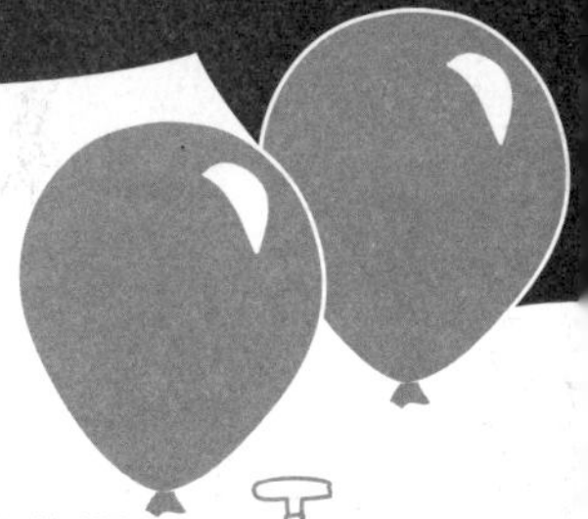

POURQUOI L'HÉLIUM MODIFIE-T-IL LA VOIX ?

Question de Likii

LE SON SE DÉPLACE PLUS RAPIDEMENT DANS L'HÉLIUM QUE DANS L'AIR. L'onde générée par les cordes vocales file plus vite dans la caisse de résonance qu'est la bouche, à raison de 1 000 m/s au lieu de 340 m/s. Elle a donc une fréquence plus haute et notre voix est donc plus aiguë.

QUEL EST L'ANIMAL LE PLUS VIEUX DU MONDE ?

QUESTION DE CHARLES J.

Ils sont deux à se disputer le titre de l'animal le plus vieux du monde. Et pour chacun, leur origine remonte à plus de **400 MILLIONS D'ANNÉES**.

Le premier est connu (et détesté) de tous : **LE CAFARD, OU LA BLATTE**. Un insecte ultrarésistant, d'où sa longévité. Il peut vivre un mois sans tête, résister à des radiations mortelles pour l'homme et il a même survécu aux différents cataclysmes qui ont emporté les dinosaures.

Le second est moins connu. C'est un poisson appelé le **CŒLACANTHE**. Il mesure généralement 1,5 mètre, pèse 45 kg et son aspect n'a quasiment pas changé depuis 400 millions d'années. En fait, on est vraiment des petits joueurs à côté. Mais le sort a réservé sa plus belle ironie à cet animal puisque, si le cœlacanthe vit depuis 400 millions d'années, il est aujourd'hui en voie d'extinction...

À QUOI SERT LA CRINIÈRE DU LION ?

QUESTION DE NEETROX FUT

La magnifique crinière du roi des animaux est là pour deux raisons.
La première : **LA SÉDUCTION.** Eh ouais, une belle crinière de beau gosse, ça le fait mieux pour attirer une lionne. Outre l'aspect esthétique, une crinière longue et sombre est preuve de la **BONNE CONDITION PHYSIQUE** de l'animal. La femelle s'assure ainsi de choisir un partenaire avec de bons gènes. La crinière du lion, s'étendant de derrière les oreilles à la base de la nuque lui sert aussi de protection lors des combats. Un genre de bouclier sexy en somme.

POURQUOI FAIT-ON DES BLAGUES LE 1ER AVRIL ?

QUESTION DE NUTXLLA WOMEN

AUPARAVANT ET JUSQU'AU XVIE SIÈCLE, EN FRANCE, ON FÊTAIT LE NOUVEL AN LE 25 MARS POUR LE DÉBUT DU PRINTEMPS. ET ON FAISAIT LA FÊTE JUSQU'AU 1ER AVRIL.

En 1564, le **ROI CHARLES IX** ordonna qu'on applique le calendrier grégorien, fixant le début de l'année au 1er janvier. Ce qui offusqua beaucoup de gens qui continuèrent de s'offrir des cadeaux pendant la semaine du 25 mars au 1er avril. Et pour se moquer d'eux, les gens qui avaient adopté le nouveau calendrier leur envoyaient des cadeaux bizarres ou des invitations à des fêtes qui n'avaient pas lieu... Pas lourds du tout les mecs. Et comme le signe du poisson était en vogue à cette période, on qualifiait les malchanceux de **« POISSONS D'AVRIL ».**

POURQUOI S'EMBRASSE-T-ON SUR LA BOUCHE ?

QUESTION DE LICORNE ROSE

De toutes les espèces répertoriées, il n'y en a que très peu qui pratiquent le baiser sur la bouche.

LES CHIMPANZÉS le font, ce qui tendrait à prouver qu'il s'agit bien d'un geste instinctif. On sait encore peu de chose sur le sujet mais une première hypothèse est avancée grâce à des scientifiques de l'université d'Oxford. Selon eux, le baiser servirait à sélectionner inconsciemment son partenaire, à collecter des informations chimiques et génétiques, la bouche étant un nid de capteurs.

QUAND ON SAIT QUE LE RECORD DU PLUS LONG BAISER DU MONDE EST DE 58 HEURES, ON SE DIT QU'ON A PEUT-ÊTRE TROUVÉ LÀ LA PAIRE D'HUMAINS LA PLUS HÉSITANTE DU MONDE...

POURQUOI LES CREVETTES SONT-ELLES ROSES ?

Question de Kevin L.

Si vous avez déjà pêché des crevettes, vous vous êtes sûrement rendu compte que, **VIVANTES, ELLES SONT GRISES !**

C'EST À LA CUISSON QU'ELLES DEVIENNENT ROSES. ET CELA EST DÛ À LA COMPOSITION DE LA CARAPACE DES CREVETTES. ELLE CONTIENT UNE MOLÉCULE AU NOM IMPRONONÇABLE D'ASTAXANTHINE À LA COULEUR ROSE-ROUGE.

De base, cette molécule est entourée d'un pigment gris qui disparaît quand il est soumis à la chaleur. Donc, à la cuisson, il se désintègre et l'astaxanthine peut enfin avoir le premier rôle, donnant à la crevette sa belle teinte rose. Courte prestation, puisqu'elle se retrouve bien vite engloutie. Moralité : quand la crevette voit la vie en rose, ce n'est pas bon signe pour elle !

POURQUOI MET-ON LA MAIN DEVANT SA BOUCHE QUAND ON BÂILLE ?

Question de Camille P.

Aujourd'hui, c'est bien évidemment par politesse, parce que même si je suis persuadé que vous avez de magnifiques amygdales, je me porte très bien sans les voir.
Mais au **MOYEN ÂGE**, mettre la main devant sa bouche lorsqu'on bâillait avait une tout autre utilité. À l'époque, on pensait que lors d'un bâillement, l'âme pouvait sortir du corps, ou qu'un démon pouvait s'introduire en nous pour conduire notre âme vers la mort. En définitive, un petit coup de mou pouvait te coûter la vie.

D'où vient l'expression « cordon bleu » ?

Question de Hasard46

Question double, puisqu'il existe deux sortes de cordon bleu : le **BON CUISINIER** et la **PRÉPARATION D'ESCALOPE PANÉE JAMBON FROMAGE**.

Pour le cuistot, l'appellation vient d'un véritable cordon, de couleur bleu, une décoration de l'ordre du Saint-Esprit remise aux chevaliers les plus prestigieux du Royaume de France.

Sauf que ces chevaliers, eux-mêmes appelés « Cordons Bleus » par extension, étaient avant tout de fins gourmets. Ils se réunissaient très souvent autour de mets gastronomiques. Du coup, être un cordon bleu a vite été associé à la cuisine.

Pour la préparation, son origine pourrait être liée à la première puisque ce serait un « Cordon Bleu » (un chevalier, donc) qui l'aurait inventée.

Une autre hypothèse serait que la cordelette servant à faire tenir les tranches d'escalopes ensemble aurait été bleue à l'origine de la recette. D'où le cordon bleu. Dans le doute, je vous laisse choisir la meilleure origine, moi je vais manger...

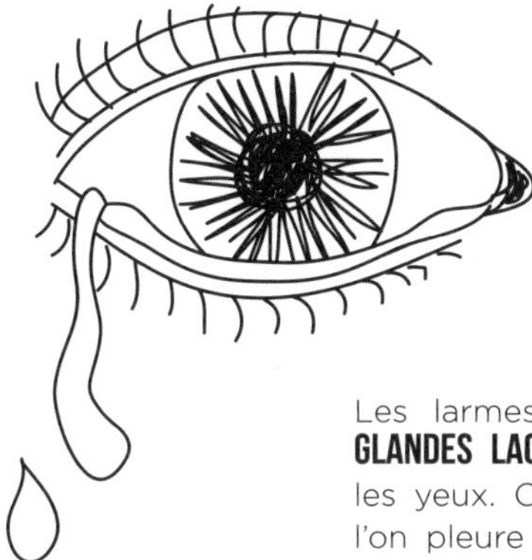

POURQUOI NOS LARMES SONT-ELLES SALÉES ?

QUESTION DE NOXAEL

Les larmes sont formées dans les **GLANDES LACRYMALES**, situées derrière les yeux. Ce sont elles qui font que l'on pleure ou que nos yeux restent humidifiés lorsqu'on bat des cils. Mais le temps que les larmes se forment, elles absorbent de nombreux sels minéraux contenus dans le corps humain.

Ce qui fait qu'elles sont salées lorsqu'on les évacue. Et mine de rien, elles contiennent 7 g de sel par litre !

POURQUOI LES PRÉSIDENTS SONT-ILS ÉLUS AU PRINTEMPS ?

QUESTION DE FABIEN C.

Moi qui ai toujours pensé que ce mois avait une raison ironique, celle du poisson d'avril, j'avais finalement **TOUT FAUX**.

En fait, de base, pendant la IIIe et la IVe République, on votait en décembre, à la fin de l'année. Il en fut ainsi jusqu'à la démission de Charles de Gaulle, le 27 avril 1969. Les élections furent déplacées en juin pour élire rapidement quelqu'un d'autre. Georges Pompidou lui succède, mais il vient à mourir le 2 avril 1974… **DÉCIDÉMENT…**

Les élections remontent alors au printemps. Et tant qu'un autre Président ne démissionne pas ou ne passe pas l'arme à gauche (et je ne parle pas ici de parti politique), il en sera ainsi !

POURQUOI LE COQ EST-IL L'EMBLÈME DE LA FRANCE ?

Question de Kimpodcast

Tout a commencé à l'époque où les Romains se foutaient de la gueule des Gaulois. Ils les trouvaient frimeurs et bruyants, et surtout inférieurs à eux (leur emblème à eux était l'aigle).

Or comme le nom « Gaulois » vient du latin « Gallus » qui signifie « coq » bah… ça tombait bien.

L'emblème est resté car les Gaulois revendiquaient le courage et la ténacité du coq. Napoléon trouvait ça un peu nul, alors il tenta de le faire changer en aigle impériale. En vain… et rien à voir avec le coq au vin !

POURQUOI NOTRE VENTRE GARGOUILLE-T-IL QUAND ON A FAIM ?

Question de Timeo

Déjà, il faut savoir un truc : notre ventre gargouille **QUE L'ON AIT FAIM OU NON.** Ces deux phénomènes n'ont aucun rapport. On l'entend simplement plus quand le ventre est vide que lorsqu'il est plein. Et tous ces gargouillis sont dus aux sucs gastriques !

D'OÙ VIENT LA COULEUR DES FLAMANTS ROSES ?

Question d'AleexSRU

Sachez qu'à la naissance, les flamants roses sont... **GRIS**. C'est avec le temps qu'ils s'éclaircissent. Et leur coloration résulte de leur alimentation. Les molécules qui teintent les flamants roses sont des « pigments photosynthétiques » que seuls les végétaux synthétisent.

Du coup, comme les flamants se nourrissent d'aliments contenant des substances telles que les graines de plantes aquatiques, les crustacés ou les larves d'insectes qui mangent ces mêmes végétaux, ils en prennent la couleur.

COMMENT LE MAÏS SE TRANSFORME-T-IL EN POP-CORN ?

Question de Jonathan S.

Ou l'histoire d'un simple grain de maïs changé en un délice salé ou sucré ! En fait, le grain de maïs est composé d'**AMIDON** contenant de l'eau. Sous l'effet de la chaleur, l'eau se transforme en vapeur. Et les couches d'amidon, elles, deviennent de plus en plus molles. Lorsque la pression exercée par la vapeur devient trop forte, l'enveloppe du maïs se rompt subitement et **PAF LE MAÏS** : il s'éclate tellement que pour fêter ça, il se change en pop-corn.

LES TOMATES SONT-ELLES DE LA FAMILLE DES FRUITS OU DES LÉGUMES ?

QUESTION DE SAMUEL F.

Eh bien tout dépend de quel point de vue on aborde la question.

D'UN POINT DE VUE CULINAIRE, les tomates sont des légumes. On les sert généralement dans des mets salés ou en entrée, et elles sont cultivées dans un potager. Et le légume est la partie comestible de la plante potagère.

MAIS D'UN POINT DE VUE BOTANIQUE, les tomates sont des fruits puisqu'elles proviennent d'une fleur et contiennent les graines de la plante.
De mon point de vue, elles sont tout simplement délicieuses et je n'aime pas les histoires de famille !

COMBIEN Y A-T-IL D'ARTICLES SUR WIKIPÉDIA ?

Question de Baptiste R.

PLUS DE 35 MILLIONS !

Dont 1,6 millions articles en français (source 3e trimestre 2014). Wikipédia est disponible en **288 LANGUES** (sur les 6 000 existantes, comme vous le savez après la question sur leur nombre). Bon, après rien ne nous dit que l'article Wikipédia parlant de Wikipédia est de source sûre...

POURQUOI LES OISEAUX NE SONT-ILS PAS ÉLECTROCUTÉS EN SE POSANT SUR UNE LIGNE À HAUTE TENSION ?

Question de Witaek

La réponse est simple. Pour que le courant passe, il faut qu'il y ait **CONTACT** entre deux conducteurs. Or un oiseau sur un fil électrique n'est en contact qu'avec le fil (conducteur) et l'air (isolateur), donc il ne risque rien. Mais s'il est assez gros pour toucher un deuxième fil ou même le pylône, il sera directement électrocuté.
Comme tout le monde !

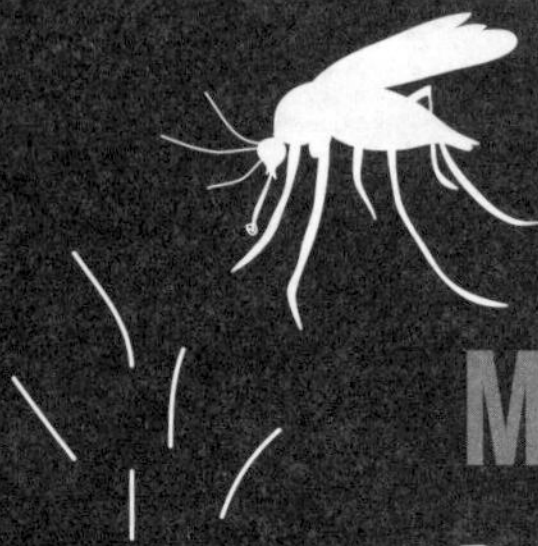

Pourquoi les piqûres de moustiques nous grattent-elles ?

Question de Clarisse Osts

Rien n'est plus **DÉSAGRÉABLE** qu'entendre un moustique voler près de notre oreille quand on dort (enfin, quand on dormait…) ! À croire qu'ils le font exprès ! Ah si ! Quelque chose est encore plus désagréable en fait : en plus de nous empêcher de dormir, ils nous piquent toute la nuit et transforment notre corps en un jeu de grattage géant pour toute une journée.

Mais **POURQUOI** les piqûres de moustiques grattent-elles ? Qu'ils nous pompent du sang ne me dérangerait pas s'ils faisaient ça discrètement, sans être obligés de laisser les traces de leur agression. Pour comprendre l'origine de cette démangeaison, il faut d'abord comprendre comment nous piquent les moustiques.

LE DIAMÈTRE DE LA TROMPE D'UN MOUSTIQUE EST MINUSCULE, BIEN PLUS PETIT QUE CELUI DE L'AIGUILLE D'UNE SERINGUE. ELLE A DONC BEAUCOUP PLUS DE RISQUE D'ÊTRE BOUCHÉE PAR LES PLAQUETTES SANGUINES, SERVANT À LA COAGULATION. POUR ÉVITER CELA, LE MOUSTIQUE NOUS INJECTE SA SALIVE, CONTENANT UN ANTICOAGULANT. SAUF QUE CETTE SUBSTANCE EST PERÇUE COMME UN CORPS ÉTRANGER PAR NOTRE CORPS QUI ACTIVE DONC UNE RÉPONSE IMMUNITAIRE.

C'est cette réponse qui crée la démangeaison.
(**À NOTER :** seules les femelles nous piquent dans le but de nourrir leur progéniture. Il conviendrait donc de discerner un mâle d'une femelle… de quoi nous occuper une bonne partie de la nuit !)

QUELLE DISTANCE PARCOURT-ON À PIED EN UNE VIE ?

QUESTION DE BENOIT C.

L'Organisation Mondiale de la Santé (OMS) affirme que l'on réalise en moyenne **7 500 PAS PAR JOUR**, soit 2 190 kilomètres en un an. Ce qui donne un résultat d'environ **170 000 KILOMÈTRES** pour 80 ans de vie environ. Seul problème qui pourrait contredire ces chiffres : la sédentarisation et le manque d'activités, notamment chez les plus jeunes.
Alors posez ce livre, et allez vous balader !

Pourquoi les autruches enfouissent-elles leur tête dans le sable ?

Question de Julien T.

On connaît bien l'expression **« FAIRE L'AUTRUCHE »** qui signifie un refus de faire face à la réalité, une manière de se détourner de ses problèmes. Elle nous vient d'une idée reçue selon laquelle l'autruche enfouirait sa tête dans le sable quand elle a peur. Une idée un peu con, il faut l'admettre, puisqu'en fait quand l'autruche sent un danger bah… elle s'enfuit, comme tout le monde.

Et comme tous les animaux, l'autruche est dotée d'un instinct de survie. Surtout que le volatile court à plus de 90 km/h, c'est dire qu'elle est largement capable de prendre ses jambes à son cou (quoique c'est pas pratique non plus comme position pour courir).

Bon, revenons à nos moutons, et plus précisément à l'autruche. C'est vrai qu'elle enfouit sa tête **SOUS LE SABLE**, mais ce pour une tout autre raison : l'autruche pond ses œufs dans le sable, dans des trous qui peuvent atteindre une trentaine de centimètres de profondeur. Et pendant la journée, le mâle surveille régulièrement les œufs pour les retourner ou repousser les menaces (comme les lézards) qui rôdent autour, tout ça en enfouissant sa tête dans le trou où sont cachés les œufs !
Une autre observation nous enseigne que les autruches mettraient peut-être leur tête dans le sable en cas de tempête de sable, justement.

POURQUOI LE POIVRE FAIT-IL ÉTERNUER ?

QUESTION DE TAIEB B.

C'est vrai, pourquoi cette épice et pas une autre ? Eh bien, c'est à cause de son composant commun avec le piment : **LA CAPSAÏCINE**, une molécule irritante qui provoque une sensation de brûlure et de chaleur quand on mange du piment ou du poivre. Lorsqu'elle entre en contact avec nos narines, les capteurs sensoriels du nez nous préviennent des propriétés irritantes de la capsaïcine en la rejetant. C'est pour cette raison que l'on éternue. À VOS SOUHAITS !

Pourquoi les tirelires sont-elles en forme de cochon ?

Question de Flamouyete

C'est une vieille tradition qui date du **XVIIIe SIÈCLE**. À l'époque, dans les campagnes britanniques, l'élevage porcin représentait un bon investissement puisqu'il permettait de nourrir les villes industrielles à moindre prix. Et les éleveurs prenaient grand soin de leurs bêtes pour en tirer un profit maximum lors de l'abattage puis de la vente de leur gras. Comme lorsqu'on économise de l'argent et qu'on le met dans un petit cochon en porcelaine. De plus, l'acte d'abattre la bête était symbolisé par l'obligation de briser sa tirelire quand on voulait profiter de l'argent qu'on y avait glissé.

Heureusement qu'aujourd'hui des capuchons existent pour ne pas avoir à en racheter une à chaque fois, parce que la plupart du temps, le contenant vaut plus cher que la valeur de son contenu.

À QUELLE TEMPÉRATURE L'ALCOOL GÈLE-T-IL ?

QUESTION DE ZOÉ L.

La raison pour laquelle une bouteille d'eau gèlera au **CONGÉLATEUR** et pas une bouteille de vodka, c'est qu'il faut une température de -114,4 °C pour geler de l'alcool éthylique (l'alcool que l'on retrouve dans les boissons alcoolisées).
Rien à voir avec les -18 °C de votre congélo !

POURQUOI LES NUAGES SONT-ILS BLANCS OU GRIS ?

QUESTION DE SABRI L.

La réponse est simple : tout dépend de leur **ÉPAISSEUR**, plus ils sont épais et plus ils sont noirs. Ce qui fait qu'un nuage noir est plus menaçant qu'un nuage blanc c'est qu'il contient plus d'eau. La lumière a donc plus de mal à le traverser.

POURQUOI SE SERRE-T-ON LA MAIN ?

QUESTION DE MACKOVISCH

C'est un geste de politesse courant et anodin aujourd'hui. On se serre la main pour se dire bonjour puis au revoir. Cela nous vient du **MOYEN ÂGE**. À l'époque, une personne tendait la main à l'autre pour montrer qu'elle n'avait pas d'armes ni d'intentions belliqueuses.

POURQUOI FAIT-ON MARCHER LES CÉLÉBRITÉS SUR UN TAPIS ROUGE ?

Question d'Alexandre B.

Aujourd'hui déroulé pour recevoir des célébrités de toute catégorie, le tapis rouge nous vient de la **GRÈCE ANTIQUE**.

Le rouge symbolisait le pouvoir et la richesse. Car la fabrication de cette couleur nécessitait de pêcher en très grande quantité des murex à pourpre, un petit mollusque marin particulièrement difficile à attraper ! Seules les personnes d'un rang social élevé pouvaient donc se payer le luxe de se vêtir ou de marcher sur du rouge. C'était une manière d'affirmer aux yeux de tous leur grandeur et leur supériorité, ou une manière de faire honneur à quelqu'un, en lui déroulant le tapis rouge.

Cette pratique nous est restée, même si aujourd'hui le rouge s'obtient facilement et même si ceux qui foulent ces tapis ne sont pas toujours très glorieux.

POURQUOI EST-ON LIMITÉ À 140 CARACTÈRES SUR TWITTER ?

QUESTION DE SONIA D.

C'est en référence aux balbutiements du **TEXTO**, au début des années 1990, lorsqu'il était limité à 160 caractères. Une taille jugée suffisante pour l'essentiel d'une discussion. Aux 140 caractères de Twitter s'ajoutent les 20 caractères maximum du nom d'utilisateur, et on arrive aux légendaires 160 signes.

POURQUOI LES HUBLOTS SONT-ILS RONDS ?

QUESTION DE RÉMI G.

Tout simplement parce que le rond est la forme géométrique la plus appropriée pour amortir un choc et surtout une forte pression. Le fait qu'il n'y ait ni angles ni côtés tire au maximum profit de la résistance du matériau.

À QUOI CORRESPONDENT LES NUMÉROS AU FOND DES VERRES DE CANTINE ?

QUESTION DE DARKINESKIL 21

CE SONT LES NUMÉROS DES MOULES AYANT SERVI À LA FABRICATION DU VERRE. IL Y EN A 48.

POURQUOI LA FLÈCHE DU CURSEUR DE LA SOURIS EST-ELLE PENCHÉE ?

QUESTION DE DIABLOXD6

Ça peut paraître un peu bête, mais au final il n'en a pas toujours été ainsi. Dans les années 1970-1980, la flèche du curseur était bien verticale. Ce dernier a été conçu de la sorte par son inventeur, un Américain, **DOUGLAS ENGELBART**.

Le souci, c'est que les premières sociétés à l'avoir intégré dans leurs ordinateurs avaient, à l'époque, des écrans aux résolutions très faibles. Le curseur vertical se noyait dans les lettres et les chiffres de l'écran, ce qui n'était pas très pratique, vous en conviendrez.

Du coup, plutôt que de grossir le curseur, il a été décidé de l'incliner pour qu'il se démarque du reste de l'écran avec son petit air penché.

POURQUOI UNE CHANSON À SUCCÈS S'APPELLE-T-ELLE UN « TUBE » ?

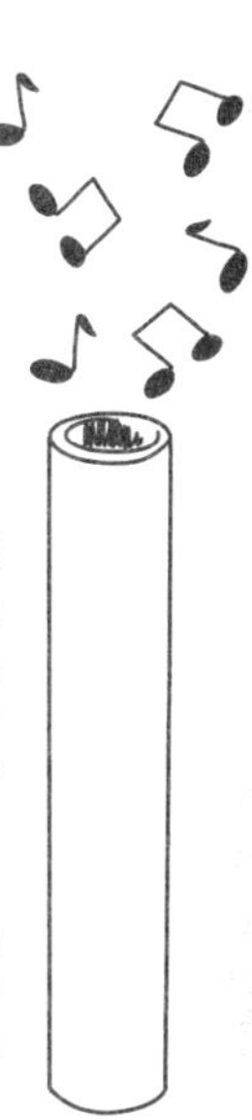

QUESTION DE FLORIAN N.

On doit ce mot au célèbre écrivain, poète et musicien **BORIS VIAN.** À l'origine, ce terme décrivait les chansons dont les paroles étaient… on peut le dire… nulles. On ne va pas se mentir, beaucoup d'artistes ne cherchent plus trop à se fouler lorsqu'il s'agit d'écrire leur texte. LE RAPPORT ? CES CHANSONS SONT AUSSI CREUSES QU'UN TUBE !

Cette idée s'est popularisée en 1957 grâce à une chanson écrite par Boris Vian pour son grand ami Henri Salvador, *Le Tube*, où il explique comment écrire une chanson à succès avec des paroles un peu nazes…

POURQUOI LES GARDIENS DE BUT ONT-ILS UNE TENUE DE COULEUR DIFFÉRENTE DE CELLES DES AUTRES JOUEURS ?

QUESTION DE SIMON S.

Parce que la FIFA en a décidé ainsi ! Et aussi parce que la vraie différence avec les autres joueurs, c'est que seul le goal a le droit de **TOUCHER LE BALLON** avec ses mains. Cette couleur différente permet aux arbitres, aux joueurs et aux spectateurs de bien voir quel joueur touche le ballon des mains, et de voir directement s'il y a faute ou non. Même si, généralement, le mec qui se trouve dans les cages… c'est bien le gardien.

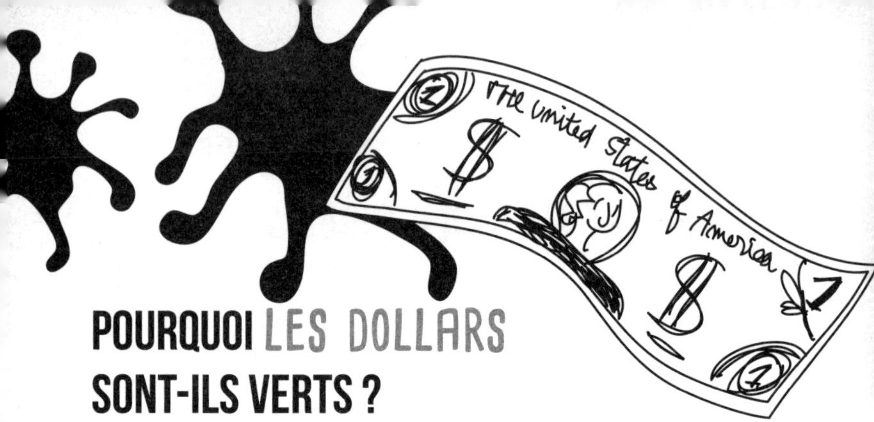

POURQUOI LES DOLLARS SONT-ILS VERTS ?

Question de Camille G.

On doit la couleur verte des dollars à Tracy R. Edson, de la Compagnie des Billets des États-Unis. Pour lutter contre la création de fausse monnaie et l'imitation des anciens billets, il mit au point vers 1850 une encre colorée qui résistait à tous les solvants connus alors.

L'ENCRE EN QUESTION EST INDÉLÉBILE... ET VERTE ! Et elle est encore appliquée sur tous les billets américains aujourd'hui.

POURQUOI PORTE-T-ON LA BAGUE DE MARIAGE À L'ANNULAIRE GAUCHE ?

Question de Sophie M.

Cette coutume nous vient **DES GRECS ET DES ÉGYPTIENS**. Les médecins grecs de l'an - 300 pensaient qu'une veine reliait directement l'annulaire gauche au cœur. Il l'avait lyriquement baptisée la veine d'amour.

Et c'est un usage qui nous est resté.

QUI A INVENTÉ LE SAVON ?

QUESTION DE MOI-MÊME !

J'aime le répéter dans plusieurs de mes vidéos : je suis un garçon propre. Si je le dis aussi souvent, c'est que parfois je reçois des commentaires qui disent que mon appartement n'est pas propre, que ce n'est pas bien rangé et qu'il doit y avoir beaucoup de poussière. D'une, c'est faux. De deux, je suis seul à faire le ménage et parfois, oui, j'ai un peu la flemme. Mais en ce qui concerne mon hygiène personnelle, je suis irréprochable. Je me lave les mains plusieurs fois par jour, je me douche tous les jours sans exception et je me brosse les dents trois fois par jour pendant plusieurs minutes. J'ai même répondu un jour à une question con : « combien d'utilisations pour un savon ? » J'ai passé mon après-midi à me laver les mains et je peux vous dire que j'avais les mains qui brillaient après.

Mais ce qu'il faut savoir, c'est que le savon est une invention très vieille. Ce sont les **SUMÉRIENS** qui ont inventé la **PREMIÈRE RECETTE DU SAVON**, il y a plus de 4 500 ans. C'était au départ une pâte savonneuse à base de graisse et de carbonate de potassium. Sa recette a ensuite évolué au fil du temps. Les Romains, eux, ont attendu le IIe siècle après J.-C. pour se laver avec du savon.

C'EST AU IXE SIÈCLE QUE PLUSIEURS SAVONNERIES S'INSTALLÈRENT PRÈS DE MARSEILLE, D'OÙ LE CÉLÈBRE SAVON DE MARSEILLE, MON PRÉFÉRÉ.

Pourquoi ne voit-on jamais de bébés pigeons ?

L'être humain est généralement attendri à la vue d'un animal encore tout petit. Que ce soit un chiot, un chaton, un agneau, un caneton ou même un marcassin.
Avec leurs pas indécis et leurs gros yeux, difficile de résister au sempiternel : **« OOOOOH J'EN VEUX UN ! »** Du coup, quelle ne fut pas ma frustration, quand je suis parti à la recherche du bébé de mon animal de compagnie indirect : le pigeon. Je précise bien « indirect ».
Mais comme j'en croise tous les jours, que certains me suivent où que j'aille, que j'en ai déjà nourri quelques-uns et surtout qu'aucun ne s'écarte sur mon passage, je me dis qu'ils sont un peu mes animaux à moi. J'ai retourné ciel et terre (désolé pour tes plans de tomates maman) et je n'en ai toujours pas trouvé.
Et je sais que vous êtes nombreux dans ma situation.
Alors : pourquoi ne voit-on jamais de bébés pigeons ?

M'AURAIT-ON PRIS POUR UN PIGEON ?

Je suis bel et bien tombé sur quelques photos de bébés pigeons sur Internet mais impossible d'y croire. Je criais « PHOTOSHOP » devant mon ordinateur alors que mon voisin de palier hurlait « IL EST 23 H ET J'AIMERAIS DORMIR ! ». Devant tant d'agressivité, j'ai préféré mettre fin à mes recherches, persuadé d'avoir ouvert la boîte de Pandore.

> ET PUIS JE ME SUIS SOUVENU DU MOYEN ÂGE ET DE CES HISTOIRES DE PIGEONS DOMESTIQUÉS POUR LEUR VIANDE OU LEUR TALENT DE MESSAGERS (LES ANCÊTRES DE TWITTER, EN SOMME). L'EXISTENCE DU PIGEON DANS LA SOCIÉTÉ DE CETTE ÉPOQUE RECULÉE ET DÉPOURVUE DE LOGICIEL DE TRAITEMENT DE PHOTOS, EST POUR MOI UNE PREUVE SUFFISANTE DE L'EXISTENCE MÊME DU PIGEON EN TANT QU'ÊTRE VIVANT.

Alors j'ai arrêté mes délires conspirationnistes, et à nouveau je me suis surpris à croire aux bébés pigeons.

La Révélation

J'ai invité mon voisin à dîner pour m'excuser de la nuit dernière. Et c'est là que tout s'est éclairé. Je lui ai parlé de ma quête existentielle et de mon désespoir de ne probablement jamais l'accomplir. Il m'a parlé de son inquiétude quant à ma santé mentale. Puis il m'a expliqué qu'il tenait un site internet sur les pigeons des villes, je lui ai donc à mon tour fait part de mon inquiétude quant à sa santé mentale.
Ensuite, je l'ai écouté : **EN FAIT**, on ne voit jamais de bébés pigeons pour une seule et simple raison : ils ne commencent à voler (et donc à entrer potentiellement dans notre champ de vision) que lorsqu'ils ont atteint une apparence adulte. Ils doivent rester 35 jours dans le nid familial, le temps d'avoir suffisamment de plumes pour voler. Et une fois ce mois écoulé, quand le pigeon peut quitter le nid, il a déjà atteint une taille adulte, ou presque. Tandis que les bébés pigeons restent paisiblement dans leur nid.

À NOTER : LE PIGEON GROSSIT SUPER VITE. ON CROISE DONC DES PIGEONS ADOLESCENTS VOIRE PRÉ-PUBÈRES SANS MÊME LE SAVOIR.

OIL

SE RASER FAIT-IL REPOUSSER LES POILS PLUS VITE ?

NON, NON ET NON ! Il est temps d'en finir une bonne fois pour toutes avec ce mythe qui a la dent dure et le poil dru ! Un tas d'études l'ont démontré : le rasage ne fait que sectionner le poil au-dessus de la racine et n'a donc aucune influence. L'épilation, en revanche, ralentit la repousse. Mais bon, de là à s'épiler la barbe…

POURQUOI A-T-ON LE VERTIGE ?

QUESTION DE CORENTIN P.

Avant tout, il faut dire que certains ont la peur du vide et d'autres non. Et ceux qui ont peur du vide sont sujets au vertige. Si vous ne le saviez pas, les organes responsables de l'équilibre sont dans les **OREILLES**. Car nos oreilles ne sont pas là que pour entendre, elles renferment aussi de minuscules tubes de liquide, tapissés de cils microscopiques.

POUR CONTRÔLER L'ÉQUILIBRE, CES CILS ENVOIENT DES MESSAGES AU CERVEAU. Dès qu'on est face au vide, d'une falaise, d'une montagne, même d'un escalier pour certains, hein, eh bien le cerveau reçoit des messages contradictoires : les yeux lui disent qu'il y a un énorme vide alors que l'oreille interne, elle, indique que tout va bien. Le cerveau ne sait plus où donner de la tête, ce qui lui donne le vertige et à nous aussi.

QUEL EST LE PREMIER PAYS À AVOIR EU UNE POLICE ?

QUESTION DE CORENTIN P.

EH BIEN C'EST LA FRANCE ! Si, si, je vous l'assure. C'est Louis XIV qui, via un édit jugeant la ville de Paris trop dangereuse, nomma Gabriel Nicolas de la Reynie premier lieutenant général de la ville de Paris. Les villes de province se sont alignées sur ce fonctionnement jusqu'à la Révolution. Ensuite est apparue la police moderne telle qu'on la connaît aujourd'hui, régie par l'État et non plus par le Roi.

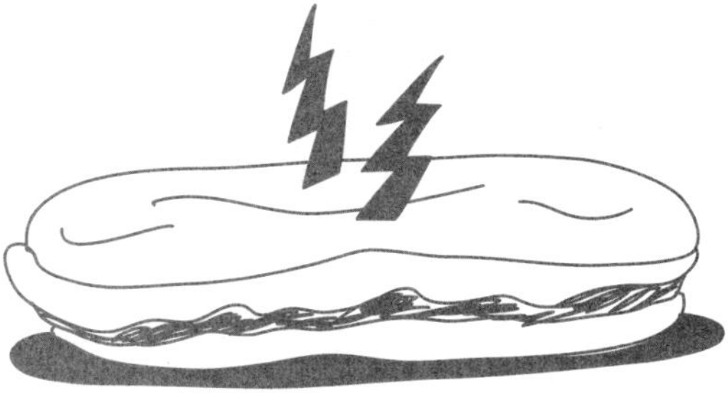

POURQUOI UN ÉCLAIR AU CHOCOLAT S'APPELLE-T-IL UN ÉCLAIR ?

QUESTION D'ALEXIS F.

Il y a deux hypothèses à ce sujet. La première nous vient probablement des plus gourmands d'entre nous. Ils affirment que cette pâtisserie s'appelle ainsi car elle est si bonne qu'elle se mange… en un éclair.
Une autre hypothèse semble plus probable : **AU XIXE SIÈCLE** le pâtissier Antonin Carême faisait des « duchesses » qui auraient eu un succès… foudroyant. D'où le nom de cette pâtisserie aujourd'hui. C'est clair ?

PEUT-ON FAIRE DU FROMAGE AVEC N'IMPORTE QUEL LAIT ?

QUESTION DE THEANTOINE14

Naturellement, non. Si l'on utilise uniquement le lait de chèvre, de vache ou de brebis pour faire du fromage, c'est en raison de **LEUR COMPOSITION**. Ils sont moins riches en lactose mais contiennent plus de caséine, une molécule qui fait cailler le lait.

Il est néanmoins possible de faire du fromage d'ânesse ou de truie, si on coupe leur lait avec celui d'une vache, d'une chèvre ou d'une brebis. Je sais pas vous, mais moi le fromage de truie ça ne me tente que très moyennement…

QU'EST-CE QUI CALME LA BRÛLURE DU PIMENT ?

Question de Rin Fukuda

Qui n'a jamais perdu toute dignité en s'attaquant à un piment trop fort pour lui ? Eh bien, ne vous plaignez pas trop puisque j'ai dû le faire à répétition pour essayer différentes manières de calmer cette brûlure infernale. Voici la liste que j'en ai dressée, de la plus efficace à la moins performante :

- **LE PAIN :** la douleur s'arrête presque instantanément. Plus de picotements, plus de coup de chaud.
- **LE LAIT :** efficacité instantanée sur la brûlure et la chaleur.
- **LE CARRÉ DE SUCRE :** plutôt efficace mais trop long à fondre.
- **LA GLACE :** fait disparaître la sensation de chaleur mais pas les picotements.
- **L'EAU :** réputée complètement inutile, voire aggravante, tout à fait fidèle à sa réputation.
- **L'ALCOOL FORT :** FORTEMENT DÉCONSEILLÉ !!! (Sauf si vous pensez pouvoir vous passer définitivement de votre langue...)

Le pain et le lait sont donc les meilleurs alliés face au piment. Si le piment nous brûle, c'est dû à l'un de ses composants : la capsaïcine, substance qui active les récepteurs de chaleur de la peau. Elle est liposoluble (elle ne se dissout que dans les lipides) et hydrophobe (d'où l'inefficacité de l'eau).
Pour mesurer la force d'un piment, il existe l'échelle de Scoville. Ce mec compte le nombre de fois qu'il faut diluer un piment dans l'eau avant que ses effets disparaissent complètement pour en mesurer la puissance. Le piment que j'avais choisi se situe entre 50 000 et 100 000 unités sur cette échelle. Quant au piment le plus fort du monde (le Carolina Reaper, depuis 2013), il atteint un score bluffant de 2 220 000 unités Scoville. Ce qui veut dire qu'il faut le diluer plus de 2 000 000 de fois avant de ne plus en sentir les effets.

POURQUOI LES FEUILLES DES ARBRES JAUNISSENT-ELLES EN AUTOMNE ?

Question de Charlocomes127

Ce phénomène résulte du **MANQUE DE CHLOROPHYLLE** (qui elle colore en vert). La luminosité diminue en automne, ce qui arrête la photosynthèse, processus par lequel les feuilles se « nourrissent ». La disparition de la chlorophylle laisse place à d'autres pigments tels que le carotène, qui donne aux feuilles une couleur plus orangée.

POURQUOI TRINQUE-T-ON ?

Question de FroyZix

À tous les apéritifs, on est obligé de trinquer. Alors quand on est deux, ça va. Mais qand on est vingt, on est obligé d'attendre trois heures avant de pouvoir boire son verre. Surtout qu'on a tous un pote qui ne plaisante pas avec ça, qui veut que TOUT LE MONDE trinque sans exception et SURTOUT les yeux dans les yeux. Alors, à part le risque de casser des verres, à quoi bon cette pratique ?
Aujourd'hui, ça n'est rien d'autre qu'une manifestation de convivialité. Mais cette pratique a eu une utilité vitale !

Il faut remonter au **MOYEN ÂGE** : à cette époque, il arrivait que, pour des raisons de commodités évidentes, on en vienne à empoisonner le verre de son ennemi pour s'en débarrasser. Net, sobre, efficace. Du coup, vu que les gens en avaient marre de mourir à chaque repas, ils frappaient leurs verres l'un contre l'autre histoire qu'un peu de liquide de l'un aille dans l'autre et inversement. Au moins, si un des verres était empoisonné, les deux mouraient. Bon, je ne vous cache pas qu'il fallait y aller comme une brute. Aujourd'hui, les verres casseraient avant. En même temps, on s'empoisonne aussi beaucoup moins au cours des repas...

COMBIEN Y A-T-IL D'ALVÉOLES SUR UNE BALLE DE GOLF ?

Question de Turdimo

432 !
Bon, c'est une moyenne car une balle de golf comporte entre 300 et 450 alvéoles.

Et moi, les chiffres, j'adore ça vous le savez, c'est pourquoi il faut aussi dire que toutes les balles possèdent un **NOMBRE PAIR D'ALVÉOLES**. Et si ces chiffres sont aussi précis, ce n'est pas pour rien !
Les alvéoles ont une utilité. C'est en fait le résultat d'équations mathématiques très techniques et de lois de physique. En fait, les alvéoles permettent à la balle de rester en l'air plus longtemps et d'aller plus loin. Soit le rêve de tout golfeur qui se respecte. Bon, maintenant, je prends mes clubs et je vais taper quelques balles. Enfin essayer parce que oui, je suis nul, j'avais oublié de vous le dire.

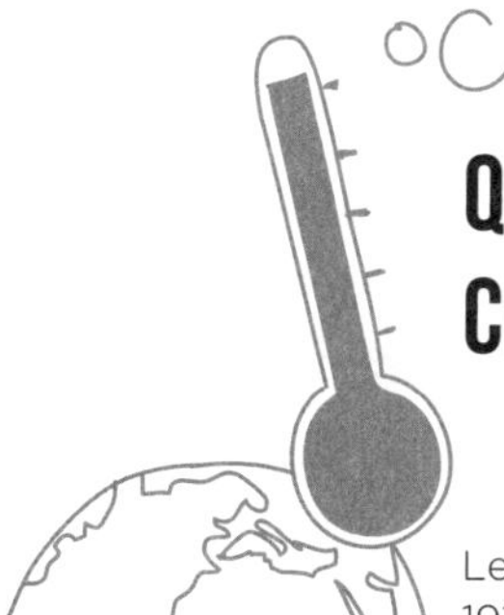

QUEL EST L'ENDROIT LE PLUS CHAUD DE LA PLANÈTE ?

Question de Thomas V.

Le record est détenu par **FURNACE CREEK** depuis 1913. C'est un désert situé dans la Vallée de la Mort en Californie, et la température y avoisine généralement les 50 °C. Le 10 juillet 1913, on y a enregistré 56,7 °C. Et pour info, l'endroit le plus froid du monde se situe à Vostok, en Antarctique, où la température est descendue à - 89,2 °C en juillet 1983.

COMBIEN Y A-T-IL DE GOUTTES DANS 1 LITRE D'EAU ?

QUESTION DE LAU

Dans la catégorie patience ultime, cette question con est dans mon top 3 de tout ce que j'ai pu faire de bien bien con. Il faut dire que compter les gouttes une par une dans un litre d'eau est un passe-temps très chiant. Mais il est aussi vrai que c'est une question qui m'a souvent été posée et qui méritait donc d'obtenir une réponse. Bien sûr, j'ai choisi un litre comme valeur significative et non pas une piscine olympique, sinon j'aurais dû léguer la fin de cette expérience à ma descendance. Mais même dans un seul petit litre il y a beaucoup de gouttes, beaucoup trop...

VOUS AVEZ DIT « TÊTU » ?

Tous ceux qui ont fait des études de chimie ou de médecine ont appris qu'une goutte standard fait 0,05 ml. Mais ça, c'est ce qu'on nous apprend : pour en être sûr, il faut vérifier ! J'ai donc pris une pipette me servant à faire du goutte à goutte, une bouteille d'eau de 1 litre vide et une bassine pleine. C'est tout ce dont on a besoin pour répondre à cette question. Ah oui, j'oubliais : il faut aussi beaucoup de patience et de mémoire pour ne pas s'embrouiller dans les nombres lors du comptage.
Dès les premières gouttes, j'ai compris à quel point ça allait être éprouvant. Car il ne suffit pas de compter bêtement, il faut aussi rester concentré sur le débit et bien vérifier de ne pas faire tomber deux gouttes en une. Un véritable supplice. D'AILLEURS, CERTAINS L'ONT BIEN COMPRIS PUISQU'IL EXISTE RÉELLEMENT UN « SUPPLICE DE LA GOUTTE D'EAU » – UN MOYEN DE TORTURE UTILISÉ DEPUIS LE MOYEN ÂGE – DONT LE PRINCIPE EST SIMPLE : ATTACHER LA VICTIME À L'HORIZONTALE ET LUI FAIRE TOMBER UNE GOUTTE D'EAU SUR LE FRONT À INTERVALLE RÉGULIER. UN TRUC À VOUS RENDRE COMPLÈTEMENT DINGUE !
Bref, au bout de 100 gouttes, le niveau d'eau dans la bouteille était infime. De quoi décourager n'importe qui de continuer. Mais à chacun son métier, vous, c'est peut-être postier, P.-D.G. ou musicien, moi c'est répondre aux questions que les gens se posent mais auxquelles ils ne prennent jamais le temps de répondre. Oui bon, c'est un métier particulier et assez difficile à expliquer aux organismes sociaux...

La naissance d'une goutte

Et même si mon métier peut paraître bizarre, il ne se limite pas à ça.

À chaque question con, je fais des recherches sur le sujet par curiosité et ça me permet, par exemple, d'apprendre pourquoi les liquides se forment en gouttes. Il faut savoir que les molécules préfèrent être à côté de leurs semblables. Ainsi, une molécule d'eau préfère être entourée de molécules d'eau. On pourrait croire que ça ne tourne pas rond chez elles mais pas du tout ! Au contraire, ça leur permet de garder une stabilité énergétique. Pourtant elles sont bien obligées d'en sacrifier quelques-unes qui seront en contact avec l'air. Mais elles veulent en sacrifier le moins possible, alors elles se regroupent naturellement en une forme qui a le moins de surface extérieure. Et cette forme-là, eh bien c'est la sphère. Et si vous voulez le mot pompeux qui décrit ce phénomène, sachez qu'on appelle ça la tension de surface. Cette forme sphérique parfaite n'étant possible que dans l'espace, sur Terre, la gravité déforme le tout et donne à la sphère la forme d'une goutte.

Pour ceux qu'intéressent aussi les réponses inutiles, sachez qu'il m'a fallu 5 heures et 48 minutes pour compter 1 litre d'eau goutte à goutte !

ET DANS 1 LITRE, IL Y A… (ROULEMENT DE TAMBOUR) 20 232 GOUTTES !

CE QUI VEUT DONC DIRE QU'UNE GOUTTE FAIT 0,049 ML ET QUE DONC SI ON ARRONDIT, 0,05 ML, EXACTEMENT LA MÊME VALEUR QUE CE QU'ON NOUS APPREND EN THÉORIE !

La morale de cette expérience est que s'il ne faut pas toujours croire ce qu'on nous apprend, eh bien en fait, parfois, si. Parce que, quand au bout de 5 heures et 48 minutes tu trouves la même chose que Wikipédia, ben t'as bien les boules !

COMBIEN Y A-T-IL DE SECONDES DANS UNE ANNÉE ?

QUESTION DE PREDATOUF

DONC :
60 × 60 × 24 × 365
= 31 536 000 !

Alors on y va…
Il y a 60 secondes dans 1 minute, 60 minutes dans 1 heure, 24 heures dans 1 jour et 365 jours dans une année non bissextile.

D'OÙ VIENT LA TRADITION DES CADENAS D'AMOUR ?

Question de BastosBrioche

AHHH PARIS ! Ses monuments, ses musées, ses restaurants, ses pigeons (si si, les pigeons de Paris sont très connus) et surtout ses cadenas d'amour. Paris est l'une des villes les plus romantiques au monde. Si je devais épouser une femme, je le ferais au pied de la tour Eiffel ou sur le pont des Arts, surnommé le pont des Amoureux. Et vous pouvez me croire, son surnom n'est pas volé quand j'y vois tous les petits couples qui longent langoureusement ce pont et ses célèbres cadenas. Mais d'où vient la tradition des cadenas qui symbolisent l'amour d'un couple ?
Plusieurs origines existent : en **EUROPE DE L'OUEST**, les premiers cadenas sont accrochés dans les années 2000. À Rome, la mode des cadenas sur le Pont Milvius a été décrite en 1992 par l'écrivain Federico Moccia dans son roman *Trois mètres au-dessus du ciel*, devenu très populaire en 2004 et adapté au cinéma la même année. Les cadenas ont alors connu un engouement planétaire et ont fleuri dans la plupart des grandes villes européennes et mondiales.
Les amoureux peuvent donc, par ce geste, se prouver que leur couple est solide et qu'il va durer dans le temps. Même si c'est le cadenas qui tient parfois le plus longtemps...

QU'EST-CE QUI DIFFÉRENCIE UN BOULEVARD D'UNE AVENUE ?

Question de Fanny D.

Eh bien pas grand-chose, si ce n'est **L'ÉTYMOLOGIE**.

« **BOULEVARD** » vient du néerlandais « bolwerk », qui veut dire « rempart » ou « bastion ». Un boulevard désignait donc des avant-postes fortifiés.
Les fortifications ont été détruites à Paris par Louis XIV, qui les transforma en voies carrossables, propices à la promenade. Mais le nom « boulevard » leur est resté.

L'« **AVENUE** », elle, vient du verbe « avenir » qui, en ancien français, signifie « arriver ». L'avenue désigne donc une voie rectiligne par laquelle on arrive quelque part. À un monument généralement.
Bon, aujourd'hui, ces deux mots ont un peu perdu de leur sens mais la différenciation perdure.

POURQUOI ÉVALUE-T-ON LES PIERRES PRÉCIEUSES EN CARAT ?

Question de Vinoxil

Si vous ne le saviez pas, le carat est une **UNITÉ DE MASSE**. Mais d'où ça vient ?
Eh bien, du grec « keration » qui désigne le caroubier, un arbre dont les graines sont à chaque fois de la même taille et du même poids (c'est vraiment magique parfois la nature). Les marchands de pierres précieuses pesaient donc leur marchandise avec ces graines. Et le nom de l'unité nous est resté.
À SAVOIR : AUJOURD'HUI UN CARAT ÉQUIVAUT À 0,2 GRAMME.

D'OÙ VIENT LE POINT SUR LE « I » ?

QUESTION DE CLARA M.

Bon, puisqu'il faut que je mette les points sur les i, sachez que dans l'alphabet des anciens textes latins, le « i » n'avait pas de point. Il a été rajouté au XIe siècle par les moines qui copiaient les textes religieux. Ils leur arrivaient de confondre le « i » des autres lettres basses comme le « m » ou le « n » quand elles se trouvaient à côté. Ils écrivaient en « attaché » comme on dit à l'école, le « i » pouvait donc passer facilement pour une barre du « n » ou du « m ». Alors ils rajoutaient un trait au sommet du « i ».

Au XVe siècle, à la fin du Moyen Âge, ce trait est remplacé par un point et il est adopté définitivement peu de temps après, lors de la création de l'imprimerie.

POURQUOI Y A-T-IL 52 CARTES DANS UN JEU DE CARTES ?

Question de MortalBrothers

Les jeux de 52 cartes sont en fait basés sur l'ancien calendrier lunaire égyptien. Les **52 CARTES** représentent les **52 SEMAINES** de l'année. Et pour info, on compte 13 cartes par couleur pour désigner les 13 mois lunaires. Les 4 couleurs, quant à elles, symbolisent les 4 éléments qui étaient associés aux 4 semaines de chaque mois. En fait, un jeu de cartes, c'est un peu un calendrier, quoi.

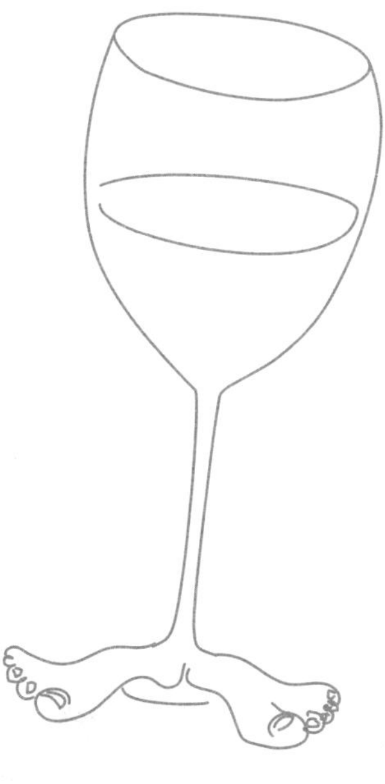

D'OÙ VIENT LE VERRE À PIED FRANÇAIS ?

Question de CoCoLaNoix

Même si ces verres ont la classe, ils n'ont pas du tout été créés par souci d'esthétisme mais de **SURVIE**. Oui, j'ai bien dit de survie.

Au XVIIe siècle, les empoisonnements étaient redoutés de tous, suite à une vague de meurtres par intoxication. Triste affaire dans laquelle trempaient même des personnes de la cour de Louis XIV. Le verre à pied obligeait les domestiques à tenir leurs mains éloignées du bord du verre et il leur était plus difficile d'y glisser un quelconque poison.

Une parano qui n'est plus d'actualité aujourd'hui, bien heureusement !

Pourquoi les notes de musique s'appellent-elles *do ré mi fa sol la si* ?

Question de Pazza432

Cette gamme a été créée par un moine italien du nom de Guido d'Arezzo. Il a déterminé non seulement le son des sept notes mais aussi leur nom. Pour cela, il a choisi la **PREMIÈRE SYLLABE** des sept premiers vers d'un écrit en latin du poète Paul Diacre, l'*Hymne de saint Jean*. Ce qui donnait :

Ut queant laxis

Resonare fibris

Mira gestorum

Famuli tuorum

Solve polluti

Labii reatum

Sancte Johannes (sachez que le « j » se prononçait « i » à l'époque)

L'Ut fut changé en Do par la suite, pour des raisons d'esthétisme.

POURQUOI CLIGNE-T-ON DES YEUX ?

Question de CreepyVenger

C'est un réflexe qui a pour but d'humidifier la cornée, fine membrane qui entoure le globe oculaire. Cligner des yeux évite leur assèchement. Et il faut savoir que l'on cligne des yeux environ **20 FOIS PAR MINUTE**, sans même nous en rendre compte.

CE QUI NOUS FAIT À PEU PRÈS 1 200 CLIGNEMENTS PAR HEURE, ET DANS LES 15 000 POUR UNE JOURNÉE LAMBDA !

QUEL VOLUME REPRÉSENTERAIT TOUT L'OR DU MONDE ?

Question de Brice L.

La masse totale d'or dans le monde entier serait de **171 300 TONNES** ! Rien que ça ! Ça équivaut à peu près au poids de deux à trois porte-avions. Mais ça ne prend pas autant de place car l'or est un métal très lourd (plus que le plomb).

DU COUP, TOUT L'OR DU MONDE POURRAIT ÊTRE CONTENU DANS UN CUBE DE SEULEMENT 20 MÈTRES DE HAUT ET DE LARGE. PAS SI IMPRESSIONNANT QUE ÇA FINALEMENT.

COMBIEN D'HOMMES SONT NÉS DEPUIS LA NUIT DES TEMPS ?

Question de DanaPro

SELON LES CHERCHEURS SPÉCIALISTES DE LA DÉMOGRAPHIE : 80 MILLIARDS !

LES QUESTIONS CONS

Si vous avez envie d'autres Questions Cons mais en vidéo, vous pouvez me retrouver sur ma chaîne YouTube, *Les Questions Cons*. Et ce qui est chouette, c'est que vous pouvez même m'en poser en commentaires d'une de mes vidéos si votre Question n'a pas trouvé de réponse dans ce livre.

SINON, VOUS POUVEZ TRÈS BIEN POSER VOS QUESTIONS CONS SUR MON SITE :

http://www.lesquestionscons.fr

OU ICI :

http://www.facebook.com/lesquestionscons

ET MÊME ICI :

http://www.twitter.com/lqcvideos

Composé par Nord Compo
à Villeneuve d'Ascq (59)

Imprimé en Espagne
par Cayfosa en mars 2017

POCKET – 12, avenue d'Italie – 75627 Paris cedex 13

Dépôt légal : mai 2017
S27211/01